MALEN
MIT
ÖLFARBEN

MALEN
MIT
ÖLFARBEN

KÖNEMANN

This book was designed and produced by
Quarto Publishing plc
The Old Brewery
6 Blundell Street
London N7 9BH

Original title: Painting With Oils

Senior Editor: Sandy Shepherd
Art Editor: Marnie Searchwell
Editors: Hazel Harrison, Eleanor Van Zandt
Assistant Editors: Polly Powell, Rachel Huckstep
Designer: Tom Deas
Photographers: David Burch, Ian Howes
Photography coordinated by Rob Norridge
Paste-up: Dave Evans
Art Director: Alastair Campbell
Editorial Director: Jim Miles

© 1998 für die deutsche Ausgabe
Könemann Verlagsgesellschaft mbH
Bonner Str. 126, D-50968 Köln
Übersetzung aus dem Englischen
(für Agents-Producers-Editors):
Hajo Düchting und Cordula Wehrmeyer
Redaktion und Satz der deutschen Ausgabe:
Agents-Producers-Editors, Overath
Druck und Bindung: Sing Cheong Printing Co., Ltd.
Printed in Hong Kong, China
ISBN 3–8290–0327–7

INHALTSVERZEICHNIS

ERSTES KAPITEL

EINE WUNDERSCHÖNE ERFINDUNG

Heute ist die Ölmalerei ein wichtiger Teil unserer visuellen Erfahrung. Deshalb vergißt man oft, daß sie relativ neu im künstlerischen Repertoire ist. Bis zum 15. Jahrhundert war Tempera die am häufigsten benutzte Farbe. Tempera war klebrig, schwer zu handhaben und trocknete schnell. Künstler arbeiteten mit feinen Pinseln und trugen die Farbe langsam und systematisch auf einer kleinen Fläche auf, bevor sie zu einer anderen übergingen. Leider war es meist unmöglich, etwas zu verändern, nachdem die Farbe aufgetragen war. Die neue Methode, Pigmente mit Öl zu binden, erlaubte es den Renaissance-Künstlern, freier zu arbeiten, das heißt die Farben auf große Flächen aufzutragen und sie direkt auf dem Untergrund zu mischen. Nach und nach entwickelte sich ein neuer Ansatz in der Maltechnik, der noch heute Grundlage der Ölmalerei ist.

Links: Peter Paul Rubens (1577–1640),
Le Chapeau de Paille (Susanna Fourment?).
Rubens, ein Vertreter der für die damalige
Zeit neuen Ölmalerei, war aufgrund seiner
zeichnerischen Sicherheit und der Virtuosität
seiner Pinselführung hoch angesehen. Seine
Arbeit beeinflußte viele nachfolgende
Künstlergenerationen.

Der griechische Arzt Aetius erwähnte bereits im 6. Jahrhundert v. Chr. Öle in Verbindung mit Kunstwerken und beschrieb, wie sie zu einem harten Film trockneten – eine Eigenschaft, die auch die Vergolder nutzten. Sie trugen Walnußöl auf, um ihre Arbeiten zu schützen. Der Gebrauch von trocknendem Öl als Malmittel wurde erstmals von Theophilus Presbyter beschrieben, dessen Werk *De diversis artibus* (um 1100) die wichtigste Informationsquelle für Kunst und Handwerk im Mittelalter ist. Man weiß nicht viel über den Autor, möglicherweise war er Benediktinermönch. Bei Theophilus findet man zahlreiche Rezepte für die Herstellung von Ölfarben und Firnissen. Er empfiehlt, die zerriebenen Pigmente in Lein- oder Walnußöl zu geben. Aus seinem Bericht geht hervor, daß die Farben schichtweise aufgetragen und die Schichten jeweils vor dem Auftragen der nächsten in der Sonne getrocknet wurden. Aus anderen Quellen des 13. und 14. Jahrhunderts wissen wir, daß, zumindest in Mitteleuropa, Öl oft für die Tafel- und Wandmalerei verwendet wurde.

Die Legende, daß der flämische Maler Jan van Eyck (ca. 1390–1441) die Ölmalerei erfunden habe, geht wohl auf Giorgio Vasari (ca. 1511–74) zurück. Vasari war ein italienischer Maler, Architekt und Schriftsteller, dessen wichtigster Beitrag zur Malerei seine 1550 erstmals veröffentlichte Reihe von Biographien der Künstler seiner Zeit war (*Lebensläufe der berühmtesten Maler, Bildhauer und Architekten*). Diese lebendig geschriebene, subjektive Darstellung von Künstlern, die er persönlich oder vom Hörensagen kannte und deren Werke er gesehen hatte, muß in vieler Hinsicht mit Vorbehalt genossen werden. In seiner Geschichte über van Eycks ›Entdeckung‹ der Ölmalerei erzählt er, daß dieser eine Tempera-Tafel mit Öl gefirnißt und entsprechend der bis dahin traditionellen Vorgehensweise zum Trocknen in die Sonne gelegt hatte. Die Sonne war so heiß, daß die Tafel riß, und van Eyck beschloß, »eine Möglichkeit zu ersinnen, wie man einen Firniß herstellen kann, der im Schatten trocknet, um zu vermeiden, daß die Bilder in die Sonne gelegt werden müssen«. Er hatte herausgefunden, daß Lein- und Walnußöl sich ausgezeichnet für diesen Zweck eigneten, und mischte den Firniß mit den Farben. Dabei stellte van Eyck fest, daß dieser »die Farben so stark aufhellte, daß von selbst ein Glanz entstand« – ohne eine nachträglich aufgetragene Schicht Firniß.

Schon lange vor van Eyck wurden verschiedene Öle als Malmittel verwendet, aber es ist zweifellos richtig, daß er die Techniken der Ölmalerei verbesserte und eine Präzision und Leuchtkraft erzielte, die seither nur selten ihresgleichen gefunden hat. Sicher gehen viele technische Entwicklungen in der Malerei auf van Eyck zurück, und er genoß daher schon zu seiner Zeit großen Ruhm. 15 Jahre nach van Eycks Tod beschrieb ihn Bartolommeo Facio aus Spezia als »gelehrt in den Künsten, die zur Herstellung eines Bildes beitragen, und deshalb wurde ihm die Entdeckung vieler Dinge im Bereich der Farben zugeschrieben, die er aus alten Traditionen übernahm, wie sie von Plinius und anderen Schriftstellern aufgezeichnet waren«.

Die Technik in Mitteleuropa

Wie andere frühe niederländische Maler malte auch van Eyck auf Eichenholz mit weißer Kalkgrundierung. Der Untergrund wurde mit Leim aus Tierhaut oder aus anderen Tierabfällen bestrichen. Vasari empfahl »vier oder fünf Schichten aus dem flüssigsten Leim«, gefolgt von einer getönten Imprimitur oder Grundierung. Die Grundierung dunkelte die Holzmaserung ab, und wenn sie poliert wurde, reflektierte sie das Licht, was für den Gesamteindruck des fertigen Bildes von großer Bedeutung ist.

Öle machen die Pigmente lichtdurchlässig und lassen sie gleichzeitig recht kräftig aussehen. Die Ölmalerei entwickelte sich zu dieser Zeit in zwei grundlegenden Schritten. Zuerst wurde mit einer opaken Untermalung gearbeitet, auf die die Formen einfarbig in blassen Grauschattierungen gemalt wurden. Darauf wurden Lasuren aufgetragen, für die reine Pigmente mit einer lichtdurchlässigen, glänzenden Ölmasse gemischt worden waren, so daß die darunterliegenden Formen durchscheinen konnten. In den hellen Bereichen war die Farbe am dünnsten; am dicksten war sie in den Schattenzonen, die daher weniger Licht reflektierten. In vieler Hinsicht war diese Technik mittelalterlich: Die Farbe wurde flach und in einzelnen Bereichen aufgetragen, die Pigmente waren selten gemischt und die Übergänge zwischen den Farbtönen sehr fein verschmolzen.

Italien und Venedig

In Italien faßte die Ölmalerei später Fuß als in Mitteleuropa. Bis weit ins 16. Jahrhundert malte man in einer

Technik Tempera und Öl. Trotzdem waren es italienische Maler, besonders Venezianer, die die Ölmalerei zur ersten Blüte führten. Antonello da Messina (ca. 1430–79) scheint bei einem Besuch in Flandern das Malen mit Öl kennengelernt zu haben. Auf ihn geht die Einführung der neuen Technik in Venedig um 1475 zurück. Dort wurde sie von Giovanni Bellini (ca. 1432–1516) und anderen Malern übernommen. Bellini wußte die Eigenschaften des Materials perfekt einzusetzen und benutzte Ölfarben mit einer vorher unbekannten Freiheit. Sein *Doge Leonardo Loredano* in der National Gallery in London ist einer der ersten Versuche, mit Impasto (einer zähflüssigen, dick aufgetragenen Farbe) zu arbeiten.

Giorgione (1477/78–1510), der frei nach der Natur malte, führte einen weiteren Wendepunkt in der Entwicklung der Ölmalerei herbei. Vasari rühmte ihn, da er die Leistungen der Brüder Bellini übertroffen habe und sich mit den Toskanern, die »den modernen Stil hervorbrachten«, messen könne. Beeinflußt durch das Werk Leonardo da Vincis (1452–1519) versuchte er, dessen Art und Weise nachzuahmen, Formen mittels feiner Farbübergänge darzustellen. Außerdem zeichnete sich Giorgiones Werk durch reiche und evokative Farben sowie durch sein Interesse an reiner Landschaftsmalerei aus.

Der möglicherweise beste, sicher aber einflußreichste venezianische Maler war Tiziano Vecellio (ca. 1487–1576), bekannt als Tizian. Er wurde in Cadore, einem Ort in den Bergen von Venetien, geboren. Als Kind wurde er nach Venedig geschickt, um im Atelier eines Mosaik-Künstlers zu arbeiten. Später verkehrte er mit Giovanni Bellini und dessen Bruder Gentile. Seine Arbeit ist eine Synthese aus den Errungenschaften der Brüder Bellini und Giorgiones, bereichert durch sein einmaliges Vorstellungsvermögen und sein Genie. In seinen frühen Werken verwendete er kräftige, einfache Farben und stellte dunkle Figuren gegen einen hellen Hintergrund. Seine Bilder sind kühn und phantasievoll und erzielen durch ihre klug überlegte Komposition dramatische Effekte.

Der späte Tizian kehrte zu den kraftvollen Zeichnungen seiner Jugend zurück, indem er reichlich Farbe verwendete. Damit befreite er die Ölmalerei von der Last der genauen Wirklichkeitsnachahmung. Die Kraft, die Tizians Bilder ausstrahlen, verdanken sie seiner Pinsel-

Jan van Eyck (Schaffenszeit von 1422–1441), *Arnolfini mit seiner Frau.* Van Eyck wird die Erfindung der Ölmalerei zugeschrieben, und zweifellos entstand diese Art der Malerei zu seiner Zeit. Der Künstler malte in Schichten, beginnend mit einer detaillierten Vorzeichnung, der eine opake Untermalung und eine Reihe von lichtdurchlässigen Schichten folgten. Van Eyck arbeitete noch immer nach der mittelalterlichen Tradition. Die Farbe wurde in kleinen, voneinander getrennten Bereichen aufgetragen, ohne daß Pinselstriche zu erkennen sind.

führung. Die Venezianer waren die ersten Maler, die zuließen, daß Pinselstriche sichtbar blieben, da sie erkannt hatten, wie wichtig die Art und Weise war, in der die Farbe auf die Leinwand aufgetragen wurde.

Materialien und Methoden

Die Venezianer nahmen Abschied von Holz, Wänden, Leinwand und Stein als Maluntergrund und setzten statt dessen die Leinwand ein, die sie sogar für Wandmalereien nutzten, da das feuchte Klima Fresken schnell verderben ließ. Leinwand war leicht, konnte für den Transport gerollt und für wesentlich größere Bilder benutzt werden als etwa Holz. Der spröde Gips wurde nur noch als Grundiermasse benutzt, wenn das Bild ›in situ‹ bleiben sollte, denn er wäre beim Rollen der Leinwände gebrochen und abgefallen. Statt dessen wurde eine Paste aus »Mehl und Walnußöl mit zwei oder drei Anteilen Bleiweiß vermischt«, die man mit einem Messer auf die Leinwand auftrug. Drei oder vier Schichten waren notwendig, gefolgt von zwei oder drei Schichten Leim und einer abschließenden Grundierung. Erst auf diesem Untergrund wurde die Vorzeichnung gemacht und mit einer dünnen Ölschicht imprägniert.

Vasari beschreibt, wie die Künstler ihre Entwürfe oder Vorzeichnungen in einer Technik ähnlich dem Pausieren anfertigten. Man zeichnete auf Papier vor, und ein zweites Blatt, das auf einer Seite mit einer schwarzen Substanz beschichtet war, wurde zwischen die Zeichnung und den Malgrund gelegt. Der Künstler ging dann mit einem spitzen Werkzeug über die Linien der Zeichnung und übertrug sie so auf die Leinwand. Die Pigmente waren dieselben, die schon die frühen Tempera-Maler benutzt hatten – allerdings gab das Öl ihnen ein kräftigeres Aussehen und ließ die Farbe transparenter oder auch opaker aussehen. Diese technischen Neuerungen ermöglichten es Malern wie Tizian, Farben auf ganz neue Art einzusetzen.

Das 17. Jahrhundert

Peter Paul Rubens (1577–1640) steht für den nächsten bedeutenden Fortschritt in der Ölmalerei. Rubens wurde in Siegen/Westfalen geboren und studierte in Antwerpen Malerei. Im Jahr 1600 ging er nach Italien, wo er Studien von antiken Werken anfertigte und Gemälde von Michelangelo Buonarroti (ca. 1475–1564), Tizian, Jacopo Tintoretto (ca. 1518–94) und Antonio Correggio (ca. 1489–1534) kopierte. Trotz dieses Aufenthaltes in Italien und des unbestreitbar großen Einflusses dieser Studien blieb er in seinem Herzen ein flämischer Künstler in der Tradition van Eycks, Rogier van der Weydens (ca. 1399–1464) und Pieter Brueghels d. Ä. (ca. 1525–1569). Die flämischen Maler waren schon immer fasziniert vom Erscheinungsbild der Dinge, etwa vom Unterschied zwischen einem Pelz und dem metallenen Glanz eines Pokals. Im Gegensatz zu den Italienern, die immer auf der Suche nach einer normativen Schönheit waren, setzten sich die flämischen Maler mit der Realität, so wie sie sie sahen, auseinander. Sie hielten nicht nur bestimmte Motive für ›angemessen‹. In dieser Tradition war Rubens aufgewachsen, und sein ganzes Leben blieb er der Überzeugung, daß es Aufgabe des Künstlers sei, die Welt um sich herum darzustellen.

Als er 1608 nach Antwerpen zurückkehrte, hatte er alles gelernt, was in seiner Kunst zu lernen war, und nördlich der Alpen keinen Rivalen. Seine Vorgänger in Flandern hatten meist kleine Bilder gemalt, doch Rubens kam mit einer Vorliebe für gewaltige Leinwände nach Antwerpen zurück, wie sie in Venedig beliebt und für die Dekoration von Kirchen und Palästen geeignet waren. Diese gefielen auch seinen Gönnern außerordentlich, und um 1611 war Rubens so populär, daß weit mehr Schüler zu ihm strömten, als er beschäftigen konnte. Seine Assistenten bereiteten seine Bilder häufig vor, aber den letzten Schliff gab er seinen Werken stets selbst.

Rubens arbeitete noch intensiver als früher Tizian mit dem Pinsel. Seine Bilder sind nicht länger sorgfältig in Farbe gebrachte Zeichnungen, sondern eine Explosion von Farbe und Energie, die sich sowohl die Qualität der Farbsubstanz zunutze macht als auch die Bewegung der Farbe auf der Leinwand. Seine leuchtenden Farben weisen ihn ebenso als flämischen Meister aus, wie sie von den Spätwerken Tizians und Tintorettos beeinflußt sind. Rubens' Art, Primär- und Komplementärfarben nebeneinanderzustellen, nahm in gewisser Weise die französische Malerei des 19. Jahrhunderts vorweg. Er arbeitete auf weißem Grund, der mit einem dünnen Grau überzogen war, und trug die Tonwerte und Linien seines Entwurfs in goldfarbenem Umbra auf. Darauf arbeitete er wiederum mit kalten, halbopaken Halbtönen, die die Untermalung durchscheinen ließen. Diese Halbtöne sind der Schlüssel zur Ausarbeitung der anderen Farben. Ausgehend vom Halbton malte er zu

den Schattenzonen hin, indem er ihn mit verschiedenen kräftigen Farben entwickelte. Dann kehrte er mit kompakten, opaken Farben in die Lichtzonen und zu den Lokalfarben zurück. Er beendete seine Arbeit schließlich mit transparenten Farblasuren, die die unterschiedlichen Farbbereiche vereinigten.

Rubens' Methode ist von historischer Bedeutung. Sein großes Atelier und seine zahlreichen Schüler und Assistenten, die seinen Stil nachahmten, führten dazu, daß Generationen von Malern seine Methoden verwendeten. So beeinflußte er Velázquez (1599–1660), den er in Madrid kennenlernte, und ferner Rembrandt (1606–69). Bis ins 19. Jahrhundert, im Werk Eugène Delacroix' (1798–

Tizian (ca. 1487–1576), *Tod des Aktaion*, ein Spätwerk des Künstlers. Die Farbe ist energisch und frei aufgetragen, die Pinselstriche leisten einen wichtigen Beitrag zum fertigen Bild. Tizian brach die Farbbereiche auf, indem er den Einsatz der Farbe vom dünnen Farbüberzug bis hin zum dicken Impasto variierte.

1863), ist sein Einfluß deutlich spürbar, ebenso noch später bei Auguste Renoir (1841–1919).

Rembrandts Beitrag

Von allen Malern des Barock ist es wahrscheinlich Rembrandt, den man am ehesten als Tizians Erbe bezeichnen kann. Rembrandt hinterließ keine Skizzen oder vorbereitenden Studien, da er seine Kompositionen, einschließlich der Verteilung von Licht und Schatten, durch eine einfarbige Untermalung festlegte. Auf diese trug er dann kompakte Farben auf, indem er vom Hintergrund zum Vordergrund arbeitete. Die Figuren im Vordergrund ließ er bis zu einem späteren Stadium als einfarbige Silhouetten stehen. Er vollendete seine Bilder, indem er die Lichthöhungen mit einem steifen Impasto auftrug.

Spätere Maler bewunderten in Rembrandts Werk sein reiches Chiaroscuro. Diese Bezeichnung, die aus dem Italienischen stammt und hell-dunkel bedeutet, bezieht sich auf das Gleichgewicht zwischen Licht und Schatten. Sie wird vor allem verwendet, um das Werk von Malern wie Caravaggio (1573–1610) und Rembrandt zu beschreiben, wobei das Werk des letzteren im allgemeinen ziemlich dunkel gehalten ist. Leider erhielt dieser Begriff im 19. Jahrhundert eine neue, ideologische Bedeutung, synonym mit den akademischen Idealen von Wahrheit und Schönheit. Rembrandt selbst nutzte das Chiaroscuro lediglich zur Formbeschreibung.

Rembrandts feiner Umgang mit Licht und Schatten ging mit einer reichen Palette einher, die seinen Sachverstand und seine Freude an Farben demonstrierte. Mitte der 30er Jahre des 17. Jahrhunderts hatte er die konventionelle niederländische Glätte der Bildoberfläche vollkommen aufgegeben. Oft bearbeitete er Teile seines Bildes mit einer einheitlichen Farbe, die er anschließend mit Lasuren und opaken Pinselstrichen überzog. Stellenweise verwendete er einen mit Farbe getränkten Pinsel – wo andere fünf Pinselstriche benötigten, setzte er nur einen. Die Striche begannen, sich voneinander zu lösen, und manchmal kann man sie nur aus der Entfernung identifizieren. Die traditionelle exakte Nachahmung der Wirklichkeit ersetzte Rembrandt durch die Vorstellung einer Realität, weshalb einige seiner Zeitgenossen seine Werke für unfertig hielten. Er arbeitete mit komplexen Schichten, und die Farboberfläche verrät seine sinnliche Freude an der physi-

kalischen Beschaffenheit der Farbe, der er eine vom Dargestellten unabhängige Bedeutung verlieh.

Das 18. und 19. Jahrhundert

In der Mitte des 17. Jahrhunderts war Frankreich zum künstlerischen Zentrum geworden, und die 1648 gegründete Pariser »Académie Royale de Peinture et Sculpture« übernahm es bald, moralische und ästhetische Standards für die Kunst zu setzen. Bis zum Ende des 19. Jahrhunderts übte die Akademie eine lähmende Kontrolle über die Künstler aus, so daß die meisten kreativen Bewegungen außerhalb ihres Einflußbereichs stattfanden. Die Ausbildung an der Akademie war gründlich und wurde streng kontrolliert. Die Studenten mußten zuerst beweisen, daß sie zeichnen konnten, ehe sie Farben benutzen durften. Es war ihnen auch untersagt, mit einem Modell zu arbeiten, ehe sie die ›Alten Meister‹ kopiert hatten. Rigide Vorschriften zwangen die Studenten, mit der ersten Untermalung (›ébauche‹) zu beginnen und verdünnte Farbe zu verwenden, um Linien, große Flächen und Halbtöne des Motivs festzulegen. Dann machten sie ihre Paletten fertig, die vor allem aus Erdfarben, Preußischblau, Schwarz und Bleiweiß bestanden. Zunächst zeichnete man die Konturen mit einem Kohlestift und verstärkte sie dann mit einer dünnen, transparenten Erdfarbe, die mit einem breiten Pinsel aus Schweineborsten aufgetragen wurde. Anschließend wurden die Schattenzonen in die Erdfarbe gemalt, die hellen Bereiche mit einer dickeren Farbe. Sorgfältig verschmolz man die Übergänge zwischen den Farben, und der Künstler versuchte, durch weiche und feine Übergänge Raumtiefe herzustellen. Die dick gemalten hellen Stellen standen im Kontrast zu den flachen Schattenbereichen und gaben der Oberfläche die Struktur eines Flachreliefs.

Ende des 18. Jahrhunderts begannen viele Künstler, sich dieser vorgeschriebenen Technik zu widersetzen. Maler wie Thomas Gainsborough (1727–1788), Francisco Goya (1746–1828), John Constable (1776–1837) und William Turner (1775–1851) suchten einen direkteren Zugang zur Malerei. Ihre Arbeitstechniken waren nicht neu: Sie trugen die Farben so auf, wie sie hinterher erscheinen sollten (Alla Prima), statt Schicht für Schicht aufzubauen. Neu war aber die Freiheit im Umgang mit Farbe und Pinsel. Der frische Ausdruck ihrer Technik ist am besten in den Studien Constables und

Claude Monet (1840–1926), *Herbst in Argenteuil*, 1873. Das Bild zeigt die Auseinandersetzung des Malers mit den flüchtigen Lichteffekten in der Landschaft. Monet arbeitete oft im Freien, aber nur wenige seiner Bilder sind in einer Sitzung vollendet worden, meistens wohl deshalb, weil sich das Licht veränderte, bevor er seine Arbeit abschließen konnte. Die groben Umrisse des Motivs wurden durch die Verwendung verdünnter opaker Farben skizziert. Darüber malte er mit dicken, buttrigen Impastos und schaffte so ein komplexes Gewebe aus Farbe und Struktur.

Turners zu sehen, die nach der Natur malten und großen Einfluß auf die französischen Impressionisten ausgeübt haben.

Turner, einer der schöpferischsten Maler seiner Zeit, war von naturwissenschaftlichen Ideen fasziniert und studierte begierig die Theorien von Farbe und Licht. In seinen frühen Werken arbeitete er mit dunklen, warmen Grundierungen, die später blasser wurden. Seine späteren Werke dagegen entstanden meistens auf weißer Grundierung, was die Leuchtkraft seiner Farben verstärkte. Er untermalte weitflächig und verwendete dafür eine Reihe blasser, verwaschener Farben, statt wie üblich nur mit einer Farbe zu arbeiten. Die Rosa-, Blau- und Gelbtöne, die in der Untermalung dominierten, bestimmten nicht nur den Bildaufbau, sondern schufen eine Stimmung, die die darüberliegenden Farbschichten beeinflußte. Viele Farbeffekte bei Turner hängen eher von übereinander gearbeiteten Farben auf der Leinwand als von Mischungen auf der Palette ab. Er arbeitete sowohl mit der Technik des Vertreibens, wobei eine opake Farbschicht auf eine andersfarbige aufgetragen wird, als auch mit Lasuren. Die Farben trug er in dünnen Überzügen und dicken, unebenen oder abgeschabten Impastos auf.

Technische Fortschritte

Bereits im 18. Jahrhundert füllten professionelle Farbmischer fertige Ölfarben in Lederbeutel. Einige Künstler bedauerten zwar die Aufgabe der direkten Kontrolle ihres Mediums, doch die zunehmende Verbreitung, Flexibilität und Verfügbarkeit vorgefertigter Farben ermöglichte innovative Techniken und neue Standards im handwerklichen Können. Die Farbbeutel wurden durch Metallzylinder ersetzt, die mit Hilfe eines Kolbens geleert und dann dem Farbmischer des Künstlers zum Wiederauffüllen zurückgegeben wurden. Die zusammendrückbare Metalltube mit Schraubverschluß kam in den 30er Jahren des 19. Jahrhunderts auf den Markt, und die Herstellung der Farben verlagerte sich vom Atelier in die Fabrik.

Damit veränderte sich die Beschaffenheit der Farbe, da die Tuben einen höheren Festigkeitsgrad erforderlich machten. Das Öl wurde mit verschiedenen Zusätzen versetzt, um zu gewährleisten, daß die Pigmente in der Flüssigkeit aufgeschwemmt blieben. Dies hatte Konsequenzen für die Verarbeitung der Farbe: Die Künstler mußten kürzere und steifere Pinsel sowie Verdünnungsmittel wie zum Beispiel Terpentin verwenden. Das Malen außerhalb des Ateliers wurde sehr viel leichter, und die Maler nutzten zunehmend vorgefertigte Farben.

Gewöhnlich gilt das Jahr 1869 als Wendepunkt in der Entwicklung des impressionistischen Stils. In jenem Sommer arbeiteten Claude Monet (1840–1926) und Auguste Renoir nebeneinander am Seineufer in La Grenouillière, einem der neuen Erholungsgebiete außerhalb von Paris. In ihren Studien versuchten sie, mit freiem skizzenhaftem Strich die flüchtigen Lichteffekte in der Landschaft einzufangen. Ihre Methoden und ihre Palette sollten sich im kommenden Jahrzehnt erheblich ändern, aber die Grundlage für die neuen impressionistischen Techniken war gelegt. Sie mußten lernen, die Natur nicht mit dem künstlichen, akademischen Auge, sondern selbst zu ›sehen‹ und intellektuelle Probleme wie Linie und Chiaroscuro zurückzudrängen.

Der Impressionismus änderte das Sehen radikal und führte zu einem gänzlich neuen Umgang mit Farbe. Dünn aufgetragene Lasuren und das Vertreiben von in Schichten aufgebauten Farben wurden zugunsten dicker, opaker Farben fallengelassen, die mit Pinsel oder Spachtel als Impasto aufgetragen wurden. Die Impressionisten – Monet, Camille Pissarro (1831–1903), Alfred Sisley (1839–99) u.a. – verwendeten überwiegend gebrochene Farben. Sie setzten Striche oder Tupfer in verschiedenen opaken Farben nebeneinander, die erst im Auge des Betrachters zur richtigen Farbe verschmelzen. Ihr Ziel war es, größere Natürlichkeit zu erzielen und darzustellen, wie das Licht auf Flächen spielt und die Farben dabei in Licht- und Schattenbereichen verändert. Die traditionelle Palette und der übliche Gebrauch der Farbe erwiesen sich als ungeeignet, dieses natürliche Licht einzufangen.

Ihr Interesse an Farben und Licht ging nicht zuletzt auf die farbphysikalischen Forschungen Michel-Eugène Chevreuls (1786–1889) zurück. Die Künstler experimentierten mit der Wirkung von Kontrasten, indem sie Schattenflächen mit Komplementärfarben belebten und atmosphärische Effekte schufen. So ließ man etwa einen cremefarbenen Malgrund durch einen locker gemalten Himmel durchscheinen, um warmes, leuchtendes Licht zu erzeugen. Das eher kalte Blau das Himmels verstärkt das warme Creme, erscheint selbst im Kontrast jedoch noch kühler. Die Künstler nutzten das Phänomen, daß warme Farben hervor- und kalte Farben eher zurücktreten, und schufen auf diese Weise Formen, statt sie traditionell rein perspektivisch zu ›modellieren‹.

Publikum und Kritiker waren empört über die scheinbar fehlende Sorgfalt in ihrer Pinselführung und über die Striche mit unvermischten Farben. Die impressionistischen Bilder mit ihren kleinen hellen Farbtupfern und ohne jeglichen festen Umriß schienen ihnen fremd und daher provokativ.

Ölmalerei heute

In unserem Jahrhundert nahm die Zahl der künstlerischen Bewegungen stark zu. Die Künstler fühlten sich frei, in jeder beliebigen Technik zu arbeiten. Neue Materialien wie Acryl- und Alkydfarben kamen auf den Markt und fanden bei vielen Malern Anklang. Das Malen in Öl hat allerdings nichts von seiner Anziehungskraft verloren – im Gegenteil, die Möglichkeiten sind noch vielfältiger geworden. Salvador Dali (1904–1989) strebte eine Art fotografischen Realismus an und bediente sich dafür der Art der Ölmalerei, wie sie auf die flämischen Meister zurückgeht. Um minutiöse Genauigkeit zu erreichen, arbeitete er oft mit der Lupe, während sein Arm auf einem Malstock ruhte. Zahlreiche Werke des Abstrakten Expressionismus entstanden auf großen Leinwänden, was einen ganz anderen Umgang mit Farbe verlangte. Jackson Pollock (1912–56) legte zum Beispiel die nicht aufgespannte Leinwand auf den Fußboden und tropfte, kleckerte und spritzte die Farbe mit einem Pinsel auf die Fläche, so daß die physikalische Beschaffenheit der Farben und die Bewegungen des Malers die Qualität der Linien und damit der fertigen Farboberfläche bestimmten.

Seit der Zeit des Impressionismus stieg die Zahl von Ölfarben auf dem Markt rapide an, vor allem weil viele chemisch hergestellte Farbstoffe verfügbar wurden. Die Hersteller experimentierten mit allen möglichen Mitteln, um Konsistenz und Verhalten der Farben zu verändern. Die heute im Handel erhältlichen Pigmente sind weitgehend beständig, und ihr Verhalten ist damit vorhersagbar. Auch wenn diese Entwicklungen viele der mit den alten Farben verbundenen Unsicherheiten aufhoben und damit Stunden mühseliger Arbeit ersparten, entstanden daraus doch neue Probleme, vor allem für unerfahrene Maler. Mag der Besuch in einem Geschäft für Künstlerbedarf auch entmutigend sein, ist er gleichzeitig doch anregend. Jeder Künstler sollte sich bemühen, soviel wie möglich über Farbe und Maltechniken zu lernen, indem er etwa die Werke von Malern aller Epochen betrachtet. Viel wichtiger ist es jedoch, selbst zu experimentieren und Erfahrungen zu sammeln.

Jackson Pollock (1912–56), *Full Fathom Five*, 1947. Pollock begann als Staffeleimaler, aber für dieses Bild, eines der frühesten Beispiele seiner Dripping-Technik, nahm er den Malgrund von der Staffelei und legte ihn ungespannt auf den Fußboden seines Ateliers. Den Pinsel ließ er zugunsten eines direkteren Farbauftrags beiseite. Er verdünnte die Farben und goß sie aus einer Dose auf die Leinwand. Ein Stock in der Dose bestimmte die Fließrichtung. Pollock bewegte sich um das Bild herum, so daß die Farbe von allen Seiten gegossen wurde. Der endgültige Effekt des Bildes wurde durch Faktoren wie Winkel und Geschwindigkeit bestimmt, in dem bzw. mit der die Farbe ausgegossen wurde, ebenso durch die Viskosität der Farbe und durch die Bewegungen des Künstlers. Auf dieses dominierende Geflecht von ›getropften‹ Farben spritzte der Künstler andere Farben und verstärkte den Impasto-Effekt durch das Einfügen anderer Materialien wie Knöpfe, Münzen, Nägel, Heftzwecken und Zigaretten.

ZWEITES KAPITEL

DER EINSTIEG

Für den Anfänger kann der Besuch in einem Geschäft für Künstlerbedarf aufregend oder aber entmutigend sein, denn die Anzahl an Materialien und Ausrüstungen ist geradezu verwirrend. Am Anfang brauchen Sie aber nicht allzu viel Geld auszugeben, es genügen einige Pinsel und sechs oder sieben Farben – Schwarz, Weiß, Lichter Ocker, Kadmiumrot, helles Kadmiumgelb, Kobaltblau und Umbra natur. Erst wenn Sie mit Motiven und Techniken experimentieren, werden Sie feststellen, daß Sie Ihr Farbsortiment erweitern müssen.

Links: Bis ins 18. Jahrhundert stellten die meisten Künstler ihre Materialien selbst her oder ließen sie von ihren Schülern anfertigen. Heute werden die meisten Materialien fertig gekauft. Die Bilder zeigen die moderne Farbenherstellung in den Fabriken von George Rowney and Co. (gegründet 1789) und Winsor and Newton (gegründet 1832).

Einen Platz zum Malen zu finden ist die erste und oft schwierigste Aufgabe für Amateure wie Berufsmaler. Die Arbeitsräume variieren zwischen großen, speziell eingerichteten Ateliers, die oft weit von zu Hause entfernt sind, und einer kleinen Ecke im Wohnzimmer oder – im schlimmsten Fall – dem Küchentisch, wenn die Familie aus dem Haus oder schon im Bett ist. Das kann angemessen sein, wenn Sie mit Aquarellfarben oder auf sehr kleiner Fläche arbeiten; dann können Sie Ihre Arbeitsmaterialien in einer kleinen Schachtel oder Tasche transportieren und praktisch überall aufstellen. Probleme entstehen aber, wenn Sie anfangen, auf größeren Flächen zu arbeiten oder kompliziertere Farben anzuwenden.

Viele bevorzugen Malflächen von 76 x 61 cm bis hin zu einigen Metern bei der Arbeit mit Ölfarben. In einer idealen Umgebung kann man die unfertige Arbeit auf der Staffelei lassen, so daß man jederzeit dorthin zurückkehren kann. Ölfarbe trocknet langsam, was einerseits bedeutet, daß man die Malfläche verhältnismäßig lange bearbeiten kann, andererseits aber, daß man mit einem oft sehr großen und manchmal noch nassen Objekt hantieren muß. Auch wenn Sie noch so sauber sind: Spuren von Ölfarbe haben die ärgerliche Angewohnheit, an den unpassendsten Stellen zu erscheinen, an Möbeln, Kleidung oder gar an der Unterseite von Kaffeetassen; sie können zur Plage von Freunden und der Familie werden.

Der Malgrund

Außer dem Ort spielt das Material, auf dem Sie malen werden, der sogenannte Malgrund, eine wichtige Rolle. Die ersten Malgründe waren die Wände oder Decken prähistorischer Höhlen. Später malte man auf von Menschen geschaffenen und mit einer Mörtelschicht bedeckten Wänden, noch später auf Gipswänden. Staffeleien, die

transportiert werden konnten, ermöglichten dann eine weitaus größere Vielfalt an Materialien: neben der Leinwand auch Holz, Pergament, Metall, Gewebe und seit neuerer Zeit künstliche Platten aus Hartfaser, Span- und Sperrholz.

Der Malgrund für Ölfarbe darf das Öl der Farbe nicht absorbieren und muß ihr zugleich genügend Halt geben. Seine Textur ist Sache des persönlichen Geschmacks und hängt von Ihrer Arbeitsweise ab. Künstler, die relativ dünne Farbe und kleine Pinsel verwenden und auf kleiner Fläche malen, bevorzugen häufig Oberflächen mit feiner Maserung, während andere, die mit dicker Farbe und großen Flächen arbeiten, einen gröberen Untergrund wählen.

Leinwand

Die Auswahl an Malgründen für Ölmalerei ist gewaltig. Dennoch wird am häufigsten Leinwand verwendet. Sie hat ihre Wurzeln im frühen 15. Jahrhundert und fällt mit dem Beginn der Ölmalerei zusammen. Vorher verwendete man bereits Gewebe sowie Holztafeln. Letztere waren jedoch eher für Temperafarbe geeignet, die einen festen Untergrund benötigte, damit sie nicht riß und sich ablöste. Holz war leicht zu beschaffen, haltbar, konnte zugeschnitten werden und eignete sich gut zur Vergoldung, was für religiöse Maler wichtig war. Aber im Laufe des 15. Jahrhunderts wandten sich die Künstler immer mehr der Leinwand zu. Die Vorteile lagen auf der Hand. Leinwände waren leicht und gut zu transportieren. Große Bilder, die vorher nur *in situ* auf Wände oder auf sehr große, schwere Holzplatten gebracht werden konnten, ließen sich nun auf der Staffelei malen.

Trotz aller Alternativen halten viele Künstler Leinwand für den besten Malgrund für Ölmalerei. Kein anderes Ma-

Links: Licht trägt zur Stimmung einer Komposition bei und beeinflußt Ihre Wahrnehmung eines Gegenstandes und seiner Farben. Der Ort, an dem Sie malen, sollte sowohl bei natürlichem als auch bei künstlichem Licht gute Lichtverhältnisse haben. Der Künstler experimentierte hier mit der Beleuchtung für das Porträt auf S. 102.

terial ist so zugänglich wie das aufgespannte Gewebe oder bietet der Farbe besseren Halt.

Leinwände sind mit zahlreichen Texturen und Schutzschichten erhältlich. Man verwendet dafür unterschiedliche Gewebe; Leinen ist das beste – und teuerste. Es wird aus Flachsstengeln hergestellt (aus den Samen derselben Pflanze gewinnt man auch Leinöl). Leinen, das die dunkle, graue Farbe des natürlichen Flachses beibehält, wird in vielen Gewichten und Webarten hergestellt. Die Unterschiede sind eher eine Frage des Geschmacks als der Qualität. Auch Baumwolle ist beliebt und in verschiedenen Gewichten und Strukturen erhältlich. Sie ist weniger stabil und weicher als Leinen, dafür aber deutlich billiger. Leinen- und Baumwollmischungen sind nicht zu empfehlen, da die Materialien das Öl und die Farben in unterschiedlicher Weise absorbieren, wodurch sich das Gewebe verzerren kann. Juteleinen ist eine billige Oberfläche, für die man viel Grundierung benötigt.

Nur durch Experimentieren finden Sie heraus, welche Oberfläche Ihren Bedürfnissen am ehesten entspricht; probieren Sie daher immer wieder etwas Neues aus. Natürlich sind Sie auch auf die örtlichen Anbieter angewiesen, sofern Sie Ihr Material nicht per Post bestellen wollen. Erkundigen Sie sich, welche Materialien Ihre Freunde benutzen oder sehen Sie sich bei Ausstellungen die Bilder daraufhin an, welchen Malgrund der Künstler verwendet hat.

Spannen der Leinwand

Leinwände können gespannt und grundiert gekauft werden, aber es ist billiger, sie meterweise zu kaufen und selbst zu spannen. Das ist nicht schwer. Holzkeilrahmen und Spannzangen gibt es beim Händler. Wählen Sie die Größe der Leinwand und schneiden Sie das Gewebe mit einem scharfen Messer und mit Hilfe eines Metallineals oder eines Winkeleisens zu. Lassen Sie die Leinwand an allen Seiten etwa 4 cm überlappen. Stecken Sie die vier Teile des Keilrahmens zusammen und legen Sie ihn auf die Leinwand, so daß die Gewebestruktur parallel zum Rahmen verläuft. Falten Sie das Gewebe über eine Seite

KEILRAHMEN

GESPANNTE LEINWAND

HOLZKEIL FÜR ECKEN

des Keilrahmens und heften oder tackern Sie es dort in der Mitte an. Dann spannen Sie die Leinwand und befestigen sie in der Mitte der gegenüberliegenden Seite. Wiederholen Sie den Vorgang auf den beiden anderen Seiten und spannen und tackern Sie immer abwechselnd auf gegenüberliegenden Seiten, bis alle vier Seiten gut befestigt sind und die Leinwand glatt und straff ist. Wenden Sie zum Spannen nicht allzu viel Kraft an, denn wenn Sie zuviel Druck ausüben, verziehen Sie das Holz des Keilrahmens. Falten Sie die Ecken ordentlich. Mit kleinen Holzkeilen, die in die Rahmenecken passen, können Sie die Leinwand je nach Bedarf spannen oder lockern.

Vorbereiten der Leinwand

Die unbehandelte Leinwand sollte nicht zum Malen benutzt werden, da das Gewebe von der Farbe isoliert bleiben muß. Sickert Öl in die Leinwand, wird die Farbe trocken und blättert ab. Außerdem könnten die Chemikalien in den Farben die Leinwand zersetzen. Natürlich gibt es Künstler, die die Regeln durchbrechen: Der englische Maler Francis Bacon (1910–92) etwa grundiert eine Seite der Leinwand und arbeitet dann mit der nicht grundierten Seite. Konservatoren in Museen und Galerien haben jetzt das Problem, seine Werke für die Nachwelt zu erhalten.

Traditionell wird Leinwand mit Leim versiegelt, ehe man die Grundierung aufträgt. Leime aus tierischen Stoffen sind die besten: Hasenleim, den man aus Hautabfällen herstellt, oder Knochenleim. Hasenleim hat zwar wenig Haftung, ist aber elastisch, wenn er trocken ist, was die Bruchgefahr minimiert.

Um den Leim vorzubereiten, geben Sie ein Teil Leimkristalle zu sieben Teilen Wasser und lassen den Leim etwa 20 Minuten oder bis er sein Volumen verdoppelt hat quellen. Wärmen Sie ihn bei geringer Hitze an. Vermeiden Sie aber, daß er kocht, sonst verliert er seine versiegelnde Wirkung. Es ist sinnvoll, dafür spezielle Kochtöpfe und Behältnisse zu verwenden. Einige Leute schütten den Leim in einen Becher und stellen ihn in warmes Wasser, andere benutzen einen Doppelkocher. Lassen Sie den Leim dann abkühlen. Er bildet eine gallertartige Masse, die recht fest sein sollte und sich nicht aus dem Behälter lösen darf, wenn man ihn stürzt.

Bevor Sie den Leim verarbeiten, wärmen Sie ihn noch einmal etwas an, um ihn zu verflüssigen, und tragen ihn warm auf der vorderen Seite der Leinwand auf. Nehmen Sie einen großen Pinsel und arbeiten Sie von der einen zur anderen Seite. Achten Sie darauf, auch die Seitenkanten zu bedecken. Tauchen Sie den Pinsel gut ein, aber nehmen Sie nicht zuviel Leim und schrubben Sie nicht, da Sie sonst die Oberfläche der Leinwand zerstören. Sie können nur eine oder, wie einige Maler, im Abstand von mehreren Stunden zwei sehr dünne Schichten auftragen. Dazwischen muß der Leim trocknen. Grundierleim ist auch fertig in Flaschen erhältlich. Sie werden aber feststellen, daß er in dieser Form viel zu teuer ist, es sei denn, Sie malen nur sehr wenig.

Ist die Leinwand versiegelt, kann die Grundierung aufgetragen werden. Diese Schicht liegt zwischen Leim und Farbe und bietet die Oberfläche zum Malen. Die meisten Grundierungen sind weiß, was das Bild leuchten läßt und das Abdunkeln im Lauf der Jahre vermindert. Auch fertiggrundierte Leinwände gibt es zu kaufen, die aber viel teurer sind als die unbearbeiteten Leinwände.

Es gibt verschiedene Grundierungen, und die meisten Geschäfte für Künstlerbedarf verkaufen diverse fertiggemischt in Dosen. Mit Ölgrundierungen erhält man eine weiße Maloberfläche, die sich besonders gut an das Gewebe des Malgrunds anpaßt, aber nur langsam trocknet. Außerdem können solche Fertiggrundierungen nicht länger als einen Monat verwendet werden. Wenn Sie Ihre eigene Grundierung herstellen möchten, so gibt es zahlreiche Rezepte. Für eines der einfachen brauchen Sie sechs Teile Terpentin, ein Teil Leinöl und weißes Titanpulver. Mischen Sie das Terpentin mit dem Leinöl und geben Sie nach und nach das weiße Titanpulver dazu, bis die Mischung dick und cremig ist. Tragen Sie die Grundierung in zwei dünnen Schichten auf.

Es gibt viele einfache Alternativen, den Malgrund zu präparieren, etwa mit in Haushaltswarenläden erhältlichen Grundierungen auf Ölbasis oder mit Acrylgrundierungen. Diese sollte man direkt auf die Leinwand oder Platte auftragen; trägt man zuerst Leim auf, bricht der Malgrund. Streichen Sie die Grundierung in zwei dünnen Schichten auf, wobei die erste mit Wasser verdünnt wird. Experimentieren Sie mit verschiedenen Grundierungen – nach und nach werden Sie herausfinden, welche Ihrem Stil und Ihrem Umgang mit Farben entspricht.

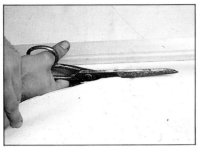

Spannen der Leinwand
Legen Sie den Keilrahmen auf die Leinwand und markieren Sie die Größe mit einer Zugabe von 4 cm auf jeder Seite.

Schneiden Sie das Gewebe mit einer Schere oder einem scharfen Messer zu. Benutzen Sie dafür ein Metallineal. Vergewissern Sie sich, daß Sie parallel zur Webstruktur schneiden.

Falten Sie die Leinwand auf einer der Längsseiten über den Rahmen und heften Sie sie in der Mitte an. Wiederholen Sie das auf der gegenüberliegenden Seite, dann auf den beiden Schmalseiten.

Arbeiten Sie jetzt jeweils auf den gegenüberliegenden Seiten von der Mitte zu den Ecken hin. Sind die Seiten gespannt und festgetackert, falten Sie die Ecken nach innen.

Legen Sie zuletzt die Leinwandecken in Richtung der Eckfuge und tackern Sie sie dort fest. Die Ecken dürfen nicht zu dick sein, da es sonst schwierig wird, das Bild zu rahmen.

Stecken Sie je zwei Holzkeile in die Ecken. Sie können, wenn sie sich während des Malens oder der Lagerung lockern, wieder eingeklopft werden, um die Leinwand zu straffen.

Leimherstellung
Hasenleimkristalle erhalten Sie in vielen Künstlerbedarfsläden. Mischen Sie ein Teil Kristalle mit sieben Teilen Wasser. Lassen Sie den Leim 20 Minuten quellen.

Die Kristalle nehmen das Wasser auf und verdoppeln ihr Volumen. Sie sehen in diesem Zustand flaumig aus. Erhitzen Sie den Leim bei schwacher Hitze. Achten Sie darauf, daß er nicht kocht.

Tragen Sie den warmen Leim auf der Oberseite der gespannten Leinwand auf. Verwenden Sie dazu einen großen Pinsel und arbeiten Sie mit gleichmäßigen Strichen von einer zur anderen Seite.

Andere Malgründe

Einer der ältesten Malgründe für die Staffeleimalerei ist Holz, das heute nicht mehr sehr verbreitet ist. Harthölzer sind am geeignetsten, da sie sich nicht so leicht verziehen oder springen, am besten ist gut gelagertes Mahagoni. Bei flach gelagerten Tafeln ist die Gefahr, daß sich das Holz verzieht, am geringsten. Befestigen Sie zwei Holzlatten auf der Rückseite der Tafel quer zur Holzmaserung. Diese sollten ein wenig kürzer als Tafelbreite geschnitten sein und mit Schrauben oder Klebstoff fixiert werden. Das Risiko des Verziehens mindert man auch, indem man die Tafel auf beiden Seiten grundiert.

Hartfaserplatten sind ein sehr guter Malgrund: Sie sind billig und haben zwei unterschiedliche Oberflächen, eine glatte und eine mit gewundener Textur. Sie brauchen nicht verstärkt zu werden, es sei denn, Sie verwenden sehr große Platten. Der einzige Schwachpunkt sind die Ränder, die mit Holzleisten verstärkt werden können. Hartfaserplatten sollten auf beiden Seiten grundiert werden.

Sperrholzmalgründe sollten mindestens fünf- oder achtschichtig und gut gelagert sein. Spanplatten haben zwar den Vorteil, daß sie sich nicht verziehen, sie sind aber sehr schwer und müssen gut grundiert werden.

Pappe ist ein hervorragender Malgrund und wurde in der Vergangenheit von vielen Malern verwendet, u.a. von Edouard Vuillard (1868–1940) und Edgar Degas (1834–1917). Sie sollte auf beiden Seiten geleimt und eventuell mit Latten befestigt werden, damit sie sich nicht verzieht.

Papier scheint auf den ersten Blick ein ungeeigneter Malgrund für Ölfarben zu sein, doch es wurde oft für die Ölmalerei verwendet, zum Beispiel von Rembrandt, Constable und Cézanne. Am besten geeignet ist qualitativ gutes Aquarellpapier, da es schwer ist und Haftung gibt. Sie können aber auch Zeichenpapier verwenden.

Papier kann auch ungeleimt verwendet werden, vor allem, wenn Sie nur Studien oder Skizzen anfertigen. Ungeleimtes Papier neigt jedoch dazu, das Öl aus der Farbe aufzusaugen, wodurch die Farbe austrocknet, bricht oder abblättert; Leimen macht das Bild haltbarer. Wenn Sie mit Papier arbeiten, klammern Sie es mit Heftzwecken oder Büroklammern vorsichtig auf ein Zeichenbrett.

All diese Malgründe können mit Leim vorbereitet und dann mit einer passenden Grundierung versehen werden.

Emulsionsgrundierung
Eine gute und recht billige Grundierung, die sich für Leinwand oder Hartfaserplatten eignet, kann man herstellen, indem man gleiche Mengen von Haushaltsemulsionsfarbe und Emulsionsglasur mischt. Man kann sie in Geschäften für Künstlerbedarf kaufen.

Leimen der Hartfaserplatte
Die glatte Seite der Hartfaserplatte hat keine gute Haftung. Rauhen Sie die Oberfläche mit Sandpapier oder einer Säge auf.

Tragen Sie mit gleichmäßigen Strichen warmen Leim auf den Malgrund auf. Nehmen Sie nicht zuviel Leim, zwei dünne Schichten sind besser als eine dicke.

Anbringen von Musselin
Schneiden Sie den Musselin so zu, daß er auf allen Seiten 3 cm überlappt. Legen Sie ihn auf die Platte und tragen Sie den warmen Leim auf.

Verstreichen Sie den Leim mit breitem Pinsel auf dem Musselin und glätten Sie dabei die Falten. Wenden Sie die Platte um, schlagen Sie den Stoff ein und kleben Sie ihn auf.

Sehr billigen Malgrund kann man herstellen, indem man leichten Baumwollstoff oder Musselin auf eine Hartfaserplatte klebt. Sägen Sie die Platte zuerst auf die gewünschte Größe zu. Schneiden Sie dann das Gewebe so zu, daß es an allen Seiten 3 cm überlappt. Legen Sie das Gewebe auf das Brett und streichen Sie es darauf glatt. Tragen Sie den warmen Leim mit einem großen Pinsel auf und geben Sie acht, daß keine Falten entstehen. Wenden Sie die Platte um und schlagen Sie den überlappenden Stoff ein. Tragen Sie, um den Stoff fest anzukleben, mehr Leim auf. Der Leim ist hier sowohl Klebstoff als auch Versiegelung. Leichter Baumwollstoff ist recht grob und benötigt mehr Leim als der feinere Musselin. Beide bieten angenehme Maloberflächen mit reizvoller Struktur, guter Haftung und interessanter Farbe.

Verschiedene fertige Malgründe gibt es zu kaufen, am billigsten ist Ölskizzenpapier. Das ist kommerziell hergestelltes Papier mit einer gemaserten, vorgrundierten Oberfläche. Es wird in großen Einzelbögen (76 x 51 cm) oder in Blöcken mit etwa 20 Bögen in den üblichen Größen verkauft. Sie sind billig und eignen sich für Studien, denn die Blöcke haben eine feste Oberfläche, und das Papier läßt sich einfach lagern. Leinenkartons haben strukturierte Oberflächen mit vielerlei Maserungen und werden mit einer Grundierung verkauft, die sich sowohl für Öl- als auch für Acrylfarben eignet. Der Vorteil dieser Produkte ist, daß Sie sich nicht um Leimung und Grundierung kümmern müssen, viele Leute finden aber solche Oberflächen fettig und arbeiten ungern damit. Einige Bilder in diesem Buch sind auf solchen Malgründen entstanden.

Farben

Alle Farben, ob Aquarellfarben, Gouache, Acryl- oder Ölfarben, bestehen aus Pigmenten, also aus fein verteilten Substanzen, die einem anderen Material ihre Farbe verleihen, wenn sie mit ihm vermischt oder als dünne Schicht auf seine Oberfläche aufgetragen werden. Pigmente, die in ein Bindemittel gemischt oder gemahlen werden, lösen sich nicht wirklich, sondern bleiben fein in der Flüssigkeit verteilt. Sie können Farbe noch immer in Puderform kaufen – und einige Künstler sind überzeugt, daß handgemahlene Farben besser als Tubenfarben sind.

Man kann Pigmente in drei Gruppen einteilen: Erdfarben, anorganische und organische Pigmente. Ursprüngliche Erdfarben gibt es auf der ganzen Welt, aber solche Pigmente werden üblicherweise aus den Böden bestimmter Regionen hergestellt, wo sie besonders rein vorkommen. Erdpigmente – Ocker, Umbra, Grüne Erde und Siena – sind sämtlich Eisenoxide und werden schon seit Jahrtausenden verwendet. Die Marsfarben sind synthetische Eisenoxidpigmente und neigen zu stärkerer Undurchsichtigkeit als natürlich vorkommende Pigmente.

Anorganische Pigmente werden aus natürlichen Mineralien hergestellt. Erzschichten dieser Mineralien werden immer seltener und sind mit Ausnahme von Lapislazuli (Ultramarin) und Zinnober (Zinnoberrot) bereits ausgebeutet, weshalb man sie heute synthetisch herstellt. Zu diesen Pigmenten gehören die Kadmiumfarben, Kobaltblau, Coelin, Chromoxidgrün feurig, Zinnoberrot und Ultramarin.

Organische Pigmente waren ursprünglich Farbstoffe, die aus Pflanzen und Tieren gewonnen wurden. Sie wurden zu ›Farblacken‹ verarbeitet, indem man sie mit einem Träger wie Aluminium zusammenbrachte, einem weißen Pulver, das unter Zugabe von Öl farblos und transparent wird. Karminrot und Krapprosa sind Farblacke. Die frühen synthetischen Farbstoffe waren Versuche, natürliche Produkte zu imitieren. Farblacke neigen dazu, sich zu verflüchtigen und durch die folgenden Schichten zu ›bluten‹, einige organische Pigmente sind aber sehr dauerhaft. Heute kaufen die meisten Künstler die Farben fertig, aber die Grundprinzipien der Vergangenheit, als man Pigmente noch mit der Hand oder mit Marmorscheiben zermahlte, werden auch heute noch bei der Herstellung angewendet.

Die Pigmente werden in Leinöl oder in blasserem, langsamer trocknendem Färberdistelöl dispergiert. Die Öle trocknen durch Oxidation und werden fest, wobei die Pigmente fein verteilt bleiben. In flüssigem Zustand sind die Öle in Lösungsmitteln wie Terpentin oder Terpentinersatz gelöst, in trockenem dagegen sind sie nicht löslich. Der Trocknungsprozeß dauert etwa ein Jahr, und auch danach härtet der getrocknete Film noch weiter aus.

In Tuben verkaufte Ölfarben sind in zwei Qualitäten erhältlich, als Studien- und als Künstler-Ölfarben. Die teureren Künstler-Ölfarben enthalten die besten Pigmente und können am stärksten gestreckt werden. Alle Pigmente werden nach ihrer Färbekraft ausgesucht, was bedeutet, daß die Farben, wenn sie mit Weiß gemischt werden, nicht so schnell verblassen wie billige Marken. Man verzichtet möglichst auf chemische Zusätze, außer zur Verbesserung der Haltbarkeit und Verkürzung der Trocknungszeit. Einige spezielle Farben gibt es nur in Künstlerqualität. Künstlerfarben eignen sich eher für die Arbeit im Atelier, da sie langsamer als die Studienfarben trocknen.

Studienfarben sind billiger als Künstlerfarben, in einigen Fällen wurde das teure Pigment durch billige Surrogate ersetzt. Zinnoberrot, Kobalt- und echte Kadmiumfarben sind selten in Studienausfertigung zu erhalten. Die Farben haben in der Regel eine gröbere Struktur als die Künstlerausführungen und enthalten einen höheren Anteil an verlängernden Substanzen, eignen sich aber gut für Anfänger, die noch ein Gefühl für Ölfarben entwickeln.

Farben haben unterschiedliche Trocknungszeiten. Farben mit Erdpigmenten trocknen am schnellsten. Werden sie dünn aufgetragen, sind sie in etwa einem Tag trocken. Alizarin Krapplack braucht etwa zehn Tage, um berührungstrocken zu sein, bis er ganz trocken ist, dauert es bis zu einem Jahr. Die Trocknungsdauer wird durch Feuchtigkeit, Temperatur und den Luftzug über der Maloberfläche beeinflußt. Dicke Farbschichten trocknen langsam und neigen zu Rissen, so daß es sich empfiehlt, das Bild in dünnen Schichten aufzubauen.

Unterschiedliche Farben haben unterschiedliche Lichtbeständigkeit; die folgenden Symbole werden auf den Tuben von den Herstellern verwendet, um sie anzuzeigen:

**** äußerst lichtbeständig;

*** in voller Konzentration mit **** vergleichbar, mit Weiß gemischt oder in dünnen Farbaufträgen aber geht eine gewisse Lichtbeständigkeit verloren;

** weniger lichtbeständig als ***, nicht träge genug gegenüber anderen Pigmenten in Farbmischungen;

* relativ unbeständig.

Andere Hersteller geben auf der Tube an, ob die Farbe lichtbeständig oder nicht lichtbeständig ist.

Lösungsmittel

Lösungsmittel werden verwendet, um Tubenfarbe zu verdünnen und Pinsel, Paletten und Hände zu reinigen. Damit sie wirken, müssen sie von der Malschicht verdunsten. Am beliebtesten ist Terpentin. Es wird aus destilliertem Pinienharz gewonnen und beschleunigt den Trocknungsprozeß der pigmentbindenden Öle ebenso wie der Malmittel. Man sollte es nie längere Zeit der Luft oder dem Licht aussetzen, sonst wird es schal, trocknet langsamer und wird scharf und dick. Im Handel wird eine Vielzahl von Terpentinen angeboten, die alle jeweils besondere Eigenschaften haben. Das qualitativ beste ist destilliertes Terpentin, das in Künstlerbedarfsgeschäften verkauft wird. Terpentinersatz ist nicht ganz so löslich wie Terpentin, verliert aber mit der Zeit nicht an Qualität und trocknet schneller. Er wird aus Rohöl destilliert und ist daher beträchtlich billiger als Terpentin. Viele Künstler verwenden Terpentinersatz allerdings ungern, da er einen unangenehmen Geruch hat. Er eignet sich jedoch für die meisten Zwecke und kann natürlich auch zum Reinigen von Pinseln und als Verdünnungsmittel verwendet werden.

Es werden unterschiedliche Lösungsmittel mit besonderen Qualitäten und Trocknungszeiten hergestellt. Erkundigen Sie sich bei Ihrem nächsten Besuch in einem Laden für Künstlerbedarf. Nur durch Ausprobieren bekommen Sie heraus, was Ihrem Malstil entspricht.

Bindemittel und Malmittel

Ölfarben werden also hergestellt, indem zermahlene Pigmente mit einem Bindemittel wie dem natürlich trocknenden Leinöl oder Mohnöl gemischt werden. Einige dieser Bindemittel werden auch als Malmittel (das heißt Substanzen, die mit der Farbe aus der Tube gemischt werden,

PAPIERPALETTE

Artists' Oil Colour Light Red

120 SL Series 1
Brun Rouge
Gebrannter Lichter Ocker
Pardo Rojo
Bruno Rosso

21 ml ℮

KÜNSTLER-ÖLFARBEN

Artists' Oil Colour Cadmium

Artists' Oil Colour Sap Green

166 SL Series 1
Vert de Vessie
Saftgrün
Verde di Vescica
Verde de Vejiga

Artists' Oil Colour Winsor Yellow

um deren Charakter oder Konsistenz zu ändern) und für Lasuren und Firnisse verwendet. Trocknende Öle sind meist pflanzlichen Ursprungs und trocknen, wenn sie der Luft ausgesetzt werden, in einem festen, transparenten Film. Sie trocknen durch Oxidation, das heißt, ihre molekulare Struktur verändert sich, und genau deshalb eignen sie sich, um die Pigmente in Ölfarben zu binden.

Leinöl ist das am weitesten verbreitete Binde- und Malmittel. Rohes Leinöl stellt man her, indem man die Samen der Flachspflanze vor dem Pressen mit Wasserdampf erhitzt, um das Öl zu extrahieren. Das zum Malen am besten geeignete kaltgepreßte Leinöl gewinnt man ohne Erhitzen. Auf diesem Weg erhält man jedoch weniger Öl, die Gewinnung ist außerdem schwieriger und das Öl daher teurer. Der beste Ersatz ist raffiniertes Leinöl, das durch Bleichen und Reinigen von rohem Leinöl hergestellt wird. Es trocknet zwar langsam, gibt aber der Farbe mehr Glanz und Transparenz. Dieses Öl variiert zwischen einer blassen Strohfarbe und einem tiefen honiggoldenen Farbton. Sie sollten die blassesten Farben meiden, da diese dazu neigen, mit der Zeit nachzudunkeln. Sonnengebleichtes Leinöl ist blasser und trocknet schneller als das raffinierte Öl und eignet sich zum Mischen mit blassen Farben und Weiß. Sonneneingedicktes Leinöl hat eine viel dickflüssigere Konsistenz als sein sonnengebleichtes Pendant und wird verwendet, um den Fluß und die Handhabung der Farbe zu verbessern. Standöl, eine andere Art des Leinöls, wird hergestellt, indem Leinöl im Vakuum hitzebehandelt wird. Das so entstehende Öl ist dickflüssig, blaß und trocknet zu einem dicken elastischen Film, auf dem Pinselstriche nicht sichtbar bleiben und der nicht wie andere Leinöle nachdunkelt. Mit Terpentin verdünnt, eignet es sich hervorragend zum Lasieren.

Mohnöl wird aus dem Samen des Klatschmohns hergestellt und hat eine sehr helle Farbe. Es eignet sich als Bindemittel für Weiß oder blasse Töne. Verwendet man es als Malmittel, so bekommt das Bild eine butterartige Qualität, die sich besonders für die Alla-Prima-Malerei eignet, bei der die Struktur der Maloberfläche und der Pinselstrich besonders wichtig sind. Aus diesem Grund war Mohnöl bei den Impressionisten sehr beliebt. Es trocknet langsam und ist daher nicht für Bilder geeignet, bei denen Farbschichten aufgebaut werden, da es leichter bricht als Leinöl. Auch beim Mohnöl gibt es unterschiedliche Qualitäten. Sonnengebleichtes Mohnöl ist blaß und daher ideal für Weiß und helle Farben. Trocknendes Mohnöl trocknet, wie der Name andeutet, schneller.

Das Thema Binde- und Malmittel ist recht kompliziert, deshalb seien hier nur die üblichsten Produkte genannt. Wenn Sie sich Ihre eigenen Farben nicht aus Pigmenten mischen, brauchen Sie sich nicht ausführlich mit Bindemitteln zu befassen. Am verbreitetsten ist eine Mischung aus Terpentin und Lein- oder Mohnöl. Welche Mengenverhältnisse man verwendet, hängt vom Geschmack, der Methode und der Gewohnheit ab – Sie werden bald Ihre eigenen Rezepte entwickeln. Einige Künstler geben zudem Firniß zur Farbe, der den Trocknungsprozeß beschleunigt und der Maloberfläche einen stärkeren Glanz verleiht. Besonders bei der Lasur sind Firnisse hilfreich.

Es gibt im Handel unterschiedliche Malmittel. Oleopasto ist ein Pastenfüllstoff, der mit Farbe gemischt werden kann, um besonders bei der Arbeit mit dem Spachtel Im-

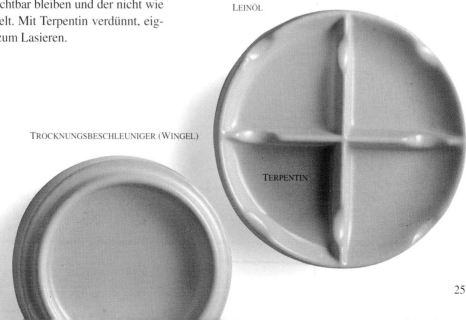

LEINÖL

TROCKNUNGSBESCHLEUNIGER (WINGEL)

TERPENTIN

pasto-Effekte zu erzielen. Wingel, ein anderes pastenartiges Material, wird zur Lasur und für zarte Impastos benutzt. Es gibt dem Bild einen angenehmen Glanz. Liquin, das beim Lasieren und Verdünnen verwendet wird, verleiht ebenfalls mehr Glanz und trocknet schnell.

Alle Farbenhersteller produzieren verschiedene auf Öl basierende Malmittel und Pasten unterschiedlicher Qualität. Sie unterscheiden sich in Struktur und Qualität der Farben und in der Trocknungszeit.

Firnisse

Sämtliche Firnisse sind in Lösungsmittel gelöste Harze. Maler verwenden sie seit Jahrhunderten als Schutzfilm und als Glanzmittel. Ölfirnisse stellt man her, indem man Harze wie Kopal, Amber oder Sandarak in trocknenden Ölen wie Leinöl löst. Harte oder ätherische Firnisse werden durch Lösung von Dammar oder Mastix in Terpentin hergestellt. Firnißlösungen lassen sich in Ateliers vielfältig verwenden. Schlußfirniß und Retuschierfirniß, der mehr Terpentin enthält und weniger glänzend ist, schützen die Maloberfläche. Mischfirniß fügt man Tubenfarben bei, um ihnen Glanz zu geben. Isolierender Firniß wird manchmal auf frisch getrockneter Ölfarbe verwendet, um Übermalungen und Korrekturen zu ermöglichen, ohne die Untermalung zu beeinflussen. Man kann fertige Firnisse in Geschäften für Künstlerbedarf kaufen. Sie können aber auch Ihren eigenen Firniß herstellen, indem Sie Harz in Öl oder Terpentin lösen.

Pinsel

Dem Ölmaler steht eine Vielzahl von Pinseln zur Verfügung, aus der er auswählen kann. Am meisten benutzte Fasern sind gebleichte Schweineborsten, Rotmarderhaare

und synthetische Fasern. Die gespaltenen Spitzen der Haare bei den Borstenpinseln aus gebleichten Schweineborsten nehmen besonders gut Farbe auf. Die Borsten unterscheiden sich in Länge und Stärke. Schweineborstenpinsel sind in unterschiedlichen Formen erhältlich. Sehr nützlich sind:

Rundpinsel: Mit den großen werden dünne Farben großflächig aufgetragen, während sich die kleineren dazu eignen, Linien zu ziehen und Details einzufügen.

Flachpinsel dienen dazu, feine Farbtupfer aufzutragen, während man mit der Kante dünne Linien zieht.

Kurzhaarflachpinsel, wie der Name schon sagt, flache Pinsel mit kürzeren Borsten, werden von vielen Künstlern bevorzugt, da sie besser zu kontrollieren sind.

Auch *Katzenzungenpinsel* sind flach, die Borsten haben aber zapfenförmige Spitzen.

Fächerpinsel aus Schweineborsten, Dachs- oder Marderhaar nimmt man, um Farbe auf Leinwand zu mischen.

Die Impressionisten, die steife Farben mit buttriger Konsistenz favorisierten, verwendeten eher flache Pinsel, während die Alten Meister für ihre ausgearbeiteten Lasurtechniken eher auf Rundpinsel zurückgriffen. Sie sollten, wenn Sie mit Öl malen, viele Pinsel haben, um ständiges Pinselreinigen zu vermeiden. Dafür können Sie wegen der langen Trocknungszeiten die Farbe auf einem bestimmten Pinsel lassen und später auf ihn zurückgreifen, wenn Sie die Farbe wieder brauchen. Einige Künstler sind, was Pinsel betrifft, sehr konservativ und benutzen sehr wenige Pinselgrößen und eine oder zwei Formen, während andere das ganze Sortiment von Formen und Größen nutzen. Noch einmal: Ihre Auswahl hängt von Ihrer Arbeitsweise, Ihrer Art, Farbe aufzutragen, und Ihrem Geldbeutel ab. Es kann sehr hilfreich sein, die Möglich-

PALETTSTECKER
AUS METALL

HOLZPALETTE

PALETT-
STECKER AUS
PLASTIK

RUNDER SCHWEINEBORSTENPINSEL

FLACHER SCHWEINEBORSTENPINSEL

KATZENZUNGEN-SCHWEINEBORSTENPINSEL

RUNDER MARDERHAARPINSEL

keiten der unterschiedlichen Pinsel von Zeit zu Zeit auszuloten – so können Sie Ihre Maltechnik erweitern und
Ihren Stil frei entwickeln. Leisten Sie sich auch einen
kleinen Anstreicherpinsel, mit dem sich der Malgrund tönen und eine große Farbfläche auftragen läßt.

Eine recht neue Ergänzung der Künstlermaterialien
sind Pinsel mit synthetischen Fasern. Sie sind in gleich
großem Sortiment wie Schweineborsten- und Marderhaarpinsel erhältlich, aber ihre Borsten sind tendenziell
weicher als Schweineborsten und fester als Marderhaar.
Sie sind, verglichen mit anderen Pinseln, billig, sehr beständig und halten sehr gut die Form. Künstler haben sehr
unterschiedliche Ansichten über diese Pinsel, einige arbeiten gerne mit ihnen, andere hassen sie, weil die künstlichen Haare die Farbe nicht gut halten. Da sie billig sind,
lohnt es sich auszuprobieren, ob sie Ihnen zusagen.

Marderhaarpinsel haben weiche Haare und sind sehr
teuer. Die runden – es gibt allerdings auch Flachpinsel –
werden am häufigsten gebraucht, um feine Details zu malen, dünne Lasuren aufzutragen oder Naß in Naß zu arbeiten, ohne die untere Farbschicht zu beeinflussen.

Einige Pinsel sind aus einer Mischung unterschiedlicher Haare gefertigt. Rotmarder- und Ochsenhaarpinsel
haben die Qualitäten von beiden, sind aber billiger als reine Rotmarderhaarpinsel. Auch Mischungen aus Synthe-
tik- und Rotmarderhaarpinseln finden Sie im Handel.

Pinselgrößen werden durch eine auf den Griff gedruck-
te Nummer angegeben. Beim Sortieren der Pinsel hilft
die Nummer, allerdings sind die Größen typenspezifisch.
Ein Rotmarderhaarpinsel Nr. 6 ist also nicht gleich groß
wie ein Schweineborstenpinsel Nr. 6. Schweineborstenpinsel gibt es in den Größen 1–12, Rotmarderhaarpinsel
beginnen bei 000 und gehen bis zu Nr. 14.

Pinselpflege

Dieser Aspekt ist sehr wichtig, denn gute Pinsel sind teuer, können aber einige Jahre halten, wenn man sie sorgsam behandelt. Malt man dagegen sehr kraftvoll auf einer
groben Maloberfläche oder reinigt man sie schlecht, halten sie unter Umständen nur einige Tage. Reinigen Sie
Ihre Pinsel am Ende eines jeden Maltages. Streifen Sie
überschüssige Farbe an einem Stück Zeitungspapier oder
an einer Küchenrolle ab, spülen Sie den Pinsel in Terpentinersatz aus und trocknen Sie ihn mit einem Lappen gut
ab. Waschen Sie ihn dann unter fließend warmem Wasser
aus und seifen Sie die Haare mit Haushaltsseife ein. Benutzen Sie kein Waschmittel, da es zu scharf ist. Reiben
Sie die seifigen Haare in Ihrer Handfläche, so daß sich die
um die Zwinge angesammelte Farbe löst. Spülen Sie den
Pinsel in warmem Wasser aus und reiben Sie ihn leicht in
Ihrer Handfläche, um zu prüfen, ob sich die ganze Farbe
gelöst hat. Danach schütteln Sie das Wasser aus dem Pinsel
und streichen die Haare in Form. Lassen Sie den Pinsel
mit den Haaren nach oben in einem Becher trocknen.
Lagern Sie Pinsel nie mit den Haaren nach unten!

Messer, Paletten und Behälter

Palettmesser haben gerade, elastische Stahlklingen. Mit
ihnen mischt man Farbe auf der Palette, kratzt sie vom
Malgrund, reinigt die Palette und trägt zuweilen auch Farbe auf das Bild auf. Wegen der gebogenen Griffe ist es
einfacher, mit Spachteln zu malen, da Ihre Hand durch
den Griff mehr Abstand von der Oberfläche hat. Sie sind
in verschiedenen Größen und Formen erhältlich. Spachtel
eignen sich für kräftige Impastos und lohnen eine Probe,
wenn Sie das Gefühl haben, daß Ihr Malstil eine Auf-
lockerung vertragen kann.

Paletten werden benutzt, um die Farben, die Sie verwenden, darauf anzuordnen und zu mischen. Sie sollten es sich zur Gewohnheit machen, die Farben entlang des Randes in einer bestimmten Reihenfolge anzulegen, zum Beispiel von kalten zu warmen Farben. So wissen Sie immer, wo Sie nach einer bestimmten Farbe suchen müssen, denn manchmal ist es schwierig, frisch aus der Tube gedrückte Farben voneinander zu unterscheiden. Konventionelle Künstlerpaletten sind große, flache, bohnenförmige Holzbretter mit einer Einbuchtung für die Finger und einem Loch für den Daumen. Rechteckige Paletten passen in einen Farbkasten. Am beliebtesten sind Paletten aus Mahagoni, aber auch andere Hölzer und sonstige Materialien werden verwendet. Normalerweise sind Paletten für die Ölmalerei flach, es gibt sie jedoch auch mit Vertiefungen, dann normalerweise aus Plastik, Keramik oder Metall. Solche Paletten werden zum Lasieren oder Aufbau in Schichten für verdünnte Farben benutzt. Papierpaletten – Abreißblöcke mit ölundurchlässigem Papier – sind sehr praktisch und ersparen die Palettenreinigung.

Paletten kann man auch leicht selbst aus Sperrholz oder einem anderen billigen Holz herstellen. Versiegeln Sie das Holz, indem Sie es mit einer Schicht Leinöl überstreichen, und wischen Sie es dann mit Küchenpapier ab, um das überschüssige Öl zu entfernen. Lassen Sie die Ölschicht etwa einen Tag trocknen und wiederholen Sie den Vorgang einige Male. Sie sollten das auch bei einer neuen Palette tun, da Leinöl das Holz versiegelt und verhindert, daß das Holz das Öl aus der Farbe aufnimmt. Am besten ölen Sie die Palette jedes Mal, wenn Sie sie reinigen, ein, so daß nach und nach eine dicke Patina entsteht. Wichtig ist, daß Ihre Palette bequem ist und genügend Platz zum Mischen bietet; kaufen oder fertigen Sie sie um einiges größer, als nach Ihrer Meinung gut ist. So können Sie viele Farben auflegen und mischen. Eine kleine Palette wird Sie hemmen und davon abhalten, mit Farben und Mischungen zu experimentieren, da sie schnell überfüllt ist.

Sie müssen die Palette nicht in der Hand halten. Haben Sie die Hand frei, können Sie auch Materialien wie Glas zum Mischen benutzen. Viele Künstler finden einen alten Teewagen oder einen Rollschrank sehr praktisch: Sie sind einfach zu verschieben, haben eine große Oberfläche zum Mischen und in der Regel darunter eine Ablagefläche, um Lappen, Farbtuben und Ersatzmittel unterzubringen.

Reinigen Sie Ihre Palette nach der Tagesarbeit. Verwenden Sie dafür das Palettmesser, um die gemischte Farbe

KLAPPHOCKER MIT TASCHE

STAFFELEI MIT INTEGRIERTEM MALKASTEN

herunterzuschaben, aber behalten Sie die ungemischten Farben, sofern Sie innerhalb der nächsten Tage wieder an die Arbeit gehen möchten. Reinigen Sie die Palette mit Küchenpapier, das in Terpentinersatz getränkt ist, und streichen Sie sie mit Leinöl ein. Wenn Sie eine Farbe auf der Palette behalten möchten, bedecken Sie sie mit Back- oder Frischhaltefolie, dann bleibt die Farbe feucht.

Für Terpentin, Terpentinersatz, Öl und Malmittel brauchen Sie Behälter. Spiritus zur Pinselreinigung läßt sich in einen großen Becher füllen, während für die anderen Arbeitsmittel kleinere Behälter praktisch sind. Diese sogenannten Palettstecker sind kleine Metallnäpfchen mit einer Klemme, die fest an die Palette gesteckt werden. Es gibt sie einzeln oder paarweise, einige auch mit Deckeln.

Staffeleien

Staffeleien gibt es in großer Auswahl auf dem Markt – welche Sie aussuchen, hängt davon ab, wo Sie malen und wie groß Ihre Malfläche ist. Wenn Sie zum Beispiel im Freien arbeiten, brauchen Sie eine tragbare Staffelei. Von den unterschiedlichen Staffeleien ist die zusammenlegbare Holzstaffelei wohl die günstigste. Staffeleien für Aqua-

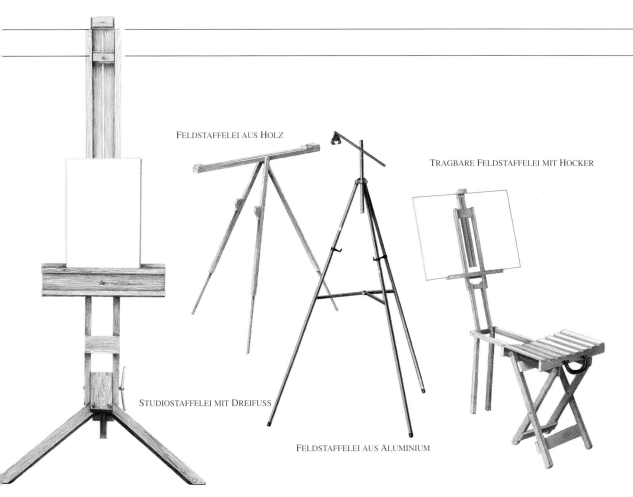

FELDSTAFFELEI AUS HOLZ

TRAGBARE FELDSTAFFELEI MIT HOCKER

STUDIOSTAFFELEI MIT DREIFUSS

FELDSTAFFELEI AUS ALUMINIUM

rellmalerei halten das Bild oft horizontal, andere, für Ölmalerei, vertikal, wieder andere können beliebig eingestellt werden. Staffeleien sind zwar stabil, aber leicht, so daß sie schnell durch den Wind umgestoßen werden, besonders dann, wenn Sie eine große Leinwand verwenden, die wie ein Segel wirkt. Einige Feldstaffeleien haben Stachel, die man in weichen Boden stecken kann. Manchmal binden Maler die Staffelei an einen Baum, verankern sie mit einer Schnur und Zeltpflöcken oder stabilisieren sie, indem sie etwas Schweres, etwa einen Stein, in der Mitte aufhängen. Inzwischen sind auch leichte Metallversionen der traditionellen Feldstaffeleien erhältlich, die standfest und leicht aufzubauen, aber auch teurer sind.

Gut eignen sich Staffeleien mit integriertem Malkasten zum Arbeiten im Freien. Sie sind bequem, wenn auch oft teuer, und stabiler als normale Feldstaffeleien. Die Farben transportiert man in einem integrierten Kasten, der nach dem Aufbau als Tisch dient und eine nützliche Arbeitsfläche bildet. Viele Studiostaffeleien, einschließlich der traditionellen Staffelei, sind mit einem Hocker kombiniert, auf dem der Künstler rittlings sitzt. Diese Variante erfordert viel Platz, ist aber sinnvoll, wenn Sie beim

Malen sitzen wollen oder viele Detailarbeiten machen. Dreifüßige Staffeleien sind standfest und normalerweise aus festem Hartholz, zum Beispiel Teakholz oder Buche, gefertigt. Sie haben einen kurzen Dreifuß, und der Winkel der oberen Mittelstrebe kann verstellt werden. Auch die Höhe der Leinwand läßt sich durch verstellbare Holzklemmen, an denen sie befestigt wird, verändern – bis zu 193 cm hohe Leinwände passen auf solche Staffeleien.

Studiostaffeleien sind sehr stabil und haben einen festen, H-förmigen Unterbau. Das Bild steht auf einem Brett, das gleichzeitig als Ablage für die Pinsel dient. Ein verschiebbarer Block hält das Bild fest in seiner Position. Die Ablagehöhe ist sehr leicht einstellbar, so daß die Leinwand zwischen 38 cm und 99 cm über dem Boden steht. Die Leinwände von bis zu 160 cm Höhe stehen leicht schräg und können mit einer Sperrklinken-Vorrichtung hinauf- und heruntergezogen werden.

Wenn Sie sehr wenig Platz haben und im Sitzen oder auch auf kleinen Flächen arbeiten wollen, können Sie den Erwerb einer Tischstaffelei in Betracht ziehen. Sie ist sehr kompakt und verhältnismäßig billig. Man kann sie schräg stellen und nach Bedarf die Höhe der Stütze verändern.

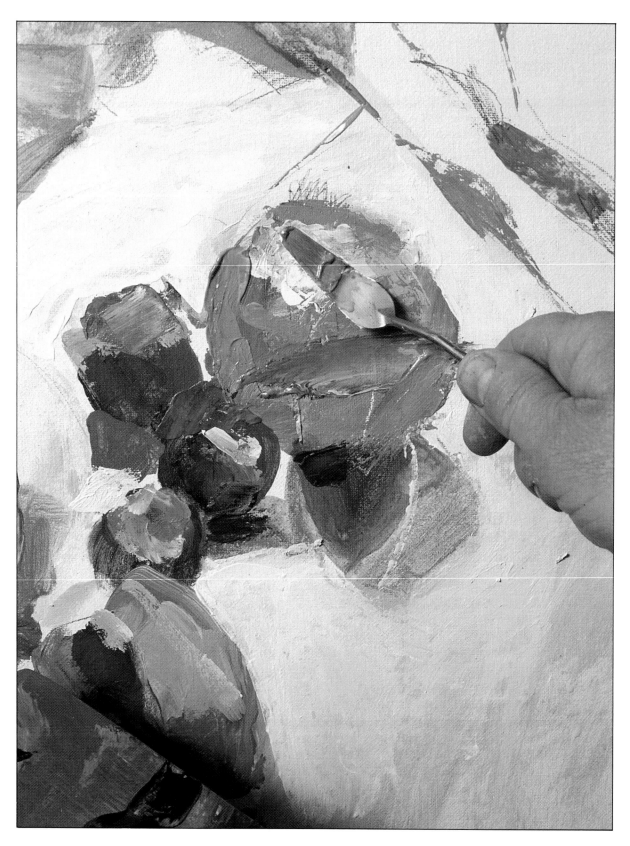

DRITTES KAPITEL

ÖLFARBEN BENUTZEN

Ölfarbe ist ein sehr vielseitiges Mittel und hat zur Entwicklung vieler unterschiedlicher Maltechniken geführt. Es ist wichtig zu begreifen, daß es keine ›richtige‹ Technik des Ölmalens gibt, und Sie werden sicher Ihre eigene entwickeln, wenn Sie erst einmal mit dem Material vertraut sind. Die Art, wie die Farbe auf den Malgrund aufgetragen wird, hat wesentlich mit dem endgültigen Aussehen aller Bilder zu tun und kann ebenso charakteristisch für den Künstler oder die Künstlerin sein wie die Handschrift.

Links: Der Künstler verwendet einen Spachtel für eine Alla-Prima-Technik. Er trägt die Farbe schnell auf und läßt eine dicke Schicht entstehen, wobei die Abdrücke des Spachtels wichtiger Bestandteil des fertigen Bildes sind.

Ein typisches Merkmal der Ölfarben ist, daß sie in transparenten Lasuren, in dünnen opaken Schichten oder als Impasto aufgetragen werden können. Der Künstler kann die Eigenschaft des Pigments verändern, indem er unterschiedliche Öle, Firnisse und andere Malmittel hinzufügt. Es gibt drei grundsätzliche Möglichkeiten, ein Ölbild herzustellen, von denen zwei auf einer Schichttechnik basieren: Entweder legt der Künstler einige Lasuren über eine Untermalung, oder das Bild wird aus opaken Schichten oder aus einer Kombination von transparenten und opaken Farben aufgebaut. Die dritte Möglichkeit, bekannt als Alla Prima, ist eine direkte Malweise, bei der der Künstler die Farben in einer Sitzung aufträgt, oft sogar ohne Vorzeichnung oder Untermalung.

Oben links: Nachdem Sie das Motiv arrangiert haben, haben Sie viele Möglichkeiten, mit dem Malen zu beginnen.
Oben rechts: Im ersten Beispiel stellte der Maler mit verdünnter Farbe eine Vorzeichnung her.
Unten links: Im zweiten Beispiel arbeitete er mit Kohle auf grundiertem Malgrund.
Unten rechts: Im letzten Beispiel fertigte der Künstler eine mehrfarbige Untermalung an, wobei er die wesentlichen Formen ungefähr so einfärbte, wie sie später aussehen sollen.

Getönter Malgrund

Ein weißer Malgrund verleiht den späteren Farbschichten einen angenehmen Glanz, doch die große weiße Fläche bei dieser Technik kann abschreckend wirken. Daher tragen einige Künstler auf den gesamten Malgrund eine Schicht dünner, transparenter Farbe auf: die Imprimitur. Manche Maler, wie etwa van Eyck, legen diese Schicht über der Vorzeichnung an. Die Wahl der Farbe hängt vom Motiv ab: Eine warme Farbe verstärkt das Blau des Himmels oder die Grüntöne einer Landschaft. Diese Tönung können Sie mit einem breiten Malerpinsel oder mit einem terpentingetränkten Lappen auftragen.

Vorzeichnung

Vorzeichnungen macht man direkt auf den weißen oder getönten Malgrund. Fast alle Zeichenmaterialien eignen sich dafür: Bleistift, Kohle und Farbe. Zeichnen Sie in Bleistift vor, nehmen Sie einen weichen, der sich leicht ausradieren läßt. Auf einer Leinwand bietet sich eher Kohle an, da sie den Untergrund nicht so leicht beschädigt. Entfernen Sie das überflüssige Pulver durch ›Abschlagen‹, das heißt, indem Sie es mit einem Staubtuch leicht abklopfen. Außerdem können Sie Kohle vor dem Malen auch mit einem handelsüblichen Fixierspray fixieren. Falls nötig, ziehen Sie die Kohlelinien mit verdünnter Farbe nach, um sie zu verstärken. Schließlich können Sie auch mit verdünnter Farbe und einem dünnen Marderhaarpinsel direkt auf den Malgrund malen. Wählen Sie eine neutrale Farbe, zum Beispiel Ocker oder Braun, und verdünnen Sie sie mit Terpentin oder Terpentinersatz.

Untermalung

Die Untermalung wird normalerweise einfarbig angelegt. Sie ermöglicht es, das Bild zu entwerfen und die Tonwerte festzulegen. Oft beginnt der Künstler mit einem Mittelton, in den er dann Schatten und Lichthöhun-

Links: Lasuren in Ocker und Chromgrün, direkt auf eine Leinwand aufgetragen. In der Mitte liegt das Chromgrün über dem Ocker.
Rechts: Eine opake weiße Farbe wurde auf einem Malgrund aus Hartfaser und Musselin vertrieben.
Rechts außen: Eine der Eigenschaften von Ölfarben ist die Art, in der sie bei Naß in Naß ineinander verschmelzen können.

gen einarbeitet. So können die wesentlichen Elemente des Bildes und die dreidimensionalen Formen entwikkelt werden. Manchmal stellt man auch eine mehrfarbige Untermalung her, die die Farbverteilung des fertigen Bildes vorwegnimmt. Diese Farben kann man durchscheinen lassen, um warme oder kalte Töne der darüberliegenden Farben zu verstärken. Heutzutage setzt man oft rasch trocknende Acrylfarben für eine schnelle Untermalung ein, so daß der Künstler fast unmittelbar mit der nächsten Schicht in Öl beginnen kann.

Lasieren

Eine Lasur ist eine transparente Farbschicht, die auf eine Grundierung, eine Untermalung, eine andere Lasur oder auf ein Impasto aufgetragen wird. Das durch die Lasur dringende Licht wird von der opaken Untermalung oder Grundierung reflektiert und durch die Lasur verändert. Um mit Lasuren interessante Effekte zu erzielen, baut der Künstler mehrere Schichten auf und läßt die Farbe zwischendurch trocknen. Mischt man verschiedene Malmittel oder Firnisse mit der Farbe, verbessert sich ihre Lichtdurchlässigkeit, oder sie trocknet schneller. Nicht alle Teile des Bildes müssen lasiert werden – vielleicht ist es besser, nur Teile des Motivs zu lasieren, während andere in Alla-Prima-Technik gemalt werden. Farbeffekte, die durch überlagerte Lasurschichten entstehen, unterscheiden sich stark von denen, die man durch andere Methoden erzielt.

Farbe vertreiben

Bei dieser Technik wird eine opake Farbe über eine darunterliegende Schicht gepinselt, die aus einer flach aufgetragenen Farbe, einer Lasur oder einem Impasto besteht. Eine wichtige Eigenschaft des Vertreibens von Farbe ist das unregelmäßige Durchscheinen der unteren Schichten. Farbe kann auf unterschiedliche Weise vertrieben werden, etwa durch helle Farben über dunklen oder durch dunkle über hellen. Die Farbe kann trocken oder ziemlich flüssig sein, mit einem Pinsel verarbeitet oder mit einem Lappen und sogar mit den Fingern verwischt werden.

Das Vertreiben von Farbe ist eine sehr nützliche Technik, um interessante Farbkombinationen und Strukturen herzustellen.

Alla Prima

Bei der Alla-Prima-Technik oder dem direkten Malen wird die Farbe schnell und opak aufgetragen und das Bild in einer Sitzung abgeschlossen. Hierbei kann auf die Untermalung ganz verzichtet werden, oder sie dient lediglich dazu, den Künstler beim Aufbau des Bildes anzuleiten. Jede Farbstelle wird mehr oder weniger so aufgetragen, wie sie im fertigen Bild erscheinen soll. Manche Farben wird der Künstler auf der Leinwand mischen, doch der Reiz dieser Technik liegt in der Frische und Direktheit des Farbauftrags. Die Spuren von Pinsel oder Spachtel prägen die Wirkung des fertigen Bildes wesentlich. Linie, Farbton, Struktur, Vorlage und Farbe sind dabei gleichzeitig im Auge zu behalten. Um einen einheitlichen Gesamteindruck zu erzielen, ist es ratsam, an allen Bereichen des Bildes zugleich zu arbeiten und sich nicht jeweils auf eine Stelle zu konzentrieren.

Naß in Naß

Die Naß-in-Naß-Technik ist eine Variation des Alla-Prima-Malens. Auch wenn Sie Ihr Bild nicht in einer Sitzung beenden, können Sie die Farben längere Zeit ineinanderarbeiten, da Ölfarben langsam trocknen. Das fertige Bild sieht dann dennoch so aus, als sei es in einer Sitzung fertiggestellt worden. Mit nasser Farbe lassen sich Variationen und Verschmelzungen erzielen. Sind aber die Farbschichten einmal aufgebaut, muß man sehr geschickt sein, um eine weitere Farbe auf die nasse aufzutragen, ohne die darunterliegenden Schichten zu beschädigen. Eine Farbe, die auf eine andere aufgetragen wird, kann sich mit der ersten mischen, matschig werden und dabei ihre Frische verlieren. Doch kann man mit einem feinen Marderhaarpinsel Details in die nasse Farbe einarbeiten und Farben mit einem Fächerpinsel mischen.

Impasto

Im Unterschied zu dünnen Lasuren und zum Vertreiben wird beim Impasto die Farbe als dicke, kompakte Masse aufgetragen. Rembrandt und Rubens benutzten es für Lichthöhungszonen, während spätere Maler die Technik viel breiter einsetzten. In der dicken, buttrigen Farbe hinterlassen Pinsel oder Spachtel Abdrücke und fügen so der Farboberfläche ein wichtiges Strukturelement hinzu. Für diese Technik nimmt man die Farbe direkt aus der Tube oder verändert sie durch ein geeignetes Malmittel, etwa durch Malbutter. Impasto wird oft von Malern verwendet, die in der Alla-Prima-Technik arbeiten.

Spachtel und Sgraffito

Die meisten Maler tragen den Malgrund mit einem oder mehreren Pinseln auf, doch man kann fast jedes Werkzeug dafür benutzen. Der Spachtel ist mit dem gekrümmten Griff und der flexiblen Metallklinge ein vielseitiges Werkzeug, das ganz unterschiedliche Striche erzielen kann. Spachtel gibt es in vielen Formen und Größen. Sie werden meist für kräftige Impastos benutzt, eignen sich aber auch, um Farben zu verschmieren und Abdrücke in dicker Farbe zu erzeugen.

Sie können auch für die sogenannte Sgraffito-Technik benutzt werden. Der Künstler stellt Muster oder Umrißlinien her, indem er in eine Farbschicht hineinkratzt und so die darunterliegenden Farbschichten oder den Malgrund freilegt. So kann er mit jedem scharfen oder spitzen Werkzeug, einem Bleistift oder einem Pinselstil etwa, der Farboberfläche einen weiteren strukturellen Reiz verleihen.

Einfärben

Um einen aquarellähnlichen Effekt zu erzielen, kann man eine geleimte Leinwand mit einer dünnen Farbe einfärben. Dieses Verfahren unterscheidet sich insofern von der Imprimitur des Malgrundes, als die lichtdurchlässige Farbe eher auf einen geleimten Malgrund aufgetragen wird als auf eine Grundierung oder eine Untermalung und das Gewebe der Leinwand dabei sichtbar bleibt, das sonst durch das Auftragen einer Grundierung verdeckt würde. Eine ungeleimte Leinwand einzufärben ist dagegen nicht ratsam, da das Öl und die Chemikalien in der Farbe eventuell den Stoff angreifen. Wenn Sie mit Einfärbungs-Technik arbeiten möchten, sollten Sie überlegen, Acrylfarben zu verwenden.

Gebrochene Farbe

Sie können Farben ebenso optisch, das heißt im Auge des Betrachters, mischen wie auf Ihrer Palette. Diese Entdeckung machten sich vor allem die Impressionisten zunutze, die Licht- und Farbeindrücke am besten mit gebrochenen Farben erreichten. Sie arbeiteten Alla Prima und trugen kleine Farbtupfer auf, die aus der Entfernung im Auge zu einer anderen Farbe verschmelzen. Antoine Watteau (1684–1721) und Eugène Delacroix waren die Vorreiter dieser Technik, die durch die Neo-Impressionisten, besonders von Georges Seurat (1859–1891), systematisch weiterentwickelt wurde und ihren Höhepunkt in der Stilrichtung des Pointillismus erreichte. Die Künstler des Pointillismus trugen winzige Pünktchen aus reinen Pigmenten in identischer Größe auf den Malgrund auf, die, wenn man das Bild aus ausreichender Entfernung betrachtet, zu Farbflächen verschmelzen. Die Größe der Punkte hing mit der Größe des Malgrunds zusammen. Wenden Sie diese Technik nicht in allen Teilen eines Bildes an, doch gelegentliche Flächen mit gebrochenen Farben können interessante Effekte erzeugen.

Tonking

Tonking ist eine sehr nützliche Technik, die nach dem Künstler Henry Tonk benannt wurde, einem Kunstprofessor an der Slade School of Art. Bei dieser Methode läßt sich überflüssige Ölfarbe von der Leinwand entfernen, indem man ein saugfähiges Papier, zum Beispiel ein Stück Zeitungspapier, über die Leinwand legt und vorsichtig darüberreibt. Wenn man das Papier abhebt, wird eine Farbschicht mit abgelöst. Diese Methode könnte für Sie von Nutzen sein, wenn Sie Alla Prima malen, falls Ihre Bildoberfläche so überladen ist, daß Sie nicht länger auf ihr arbeiten können.

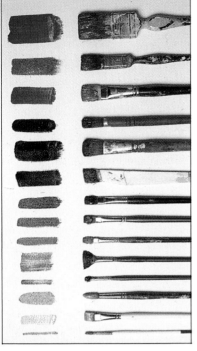

Links außen: Das Sortiment von Pinseln, die zum Malen mit Öl erhältlich sind, sowie die Vielfalt der Striche, die Sie damit erzeugen können, sind enorm. Hier sehen Sie einige Pinsel aus der Kollektion eines Künstlers, jeweils mit dem typischen Strich.

Links: Abdrücke von zwei Spachteln. Die Abdrücke links sind durch einen mittelgroßen birnenförmigen Spachtel entstanden. Die anderen Abdrücke erzeugte der Künstler wie folgt (von oben nach unten): mit der flachen Klinge, durch wiegende Bewegung mit der flachen Klinge, durch Tupfen mit der Spitze der Klinge, durch eine seitliche tupfende Bewegung. Die nächste Reihe wurde mit dem kleinen diamantförmigen Spachtel folgendermaßen hergestellt: mit der Spitze der Klinge, durch Sticheln mit der Spitze, durch Tupfen mit der flachen Klinge. Die Sgraffito-Spuren in der roten Farbe entstanden durch die Spitzen der Klingen, das Orange wurde mit einer wiegenden Bewegung aufgetragen, und die roten und blauen Farben wurden mit einem größeren Spachtel gemischt.

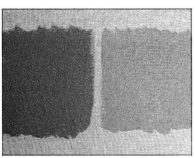

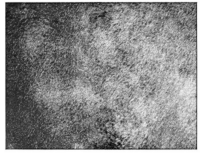

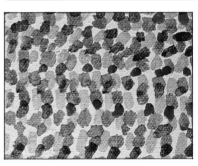

Oben: Der Künstler trug Farbe flach auf eine Hartfaserplatte auf, über die durch Leim fixierter Musselin gespannt war. Man kann sogar auf einer strukturierten Oberfläche eine unmodellierte Farboberfläche schaffen.

Auf eine feinfasrige Leinwand wurde ein dünner Farbfilm aufgetragen. Durch Tupfen mit einem Lappen auf die nasse Farbe kreierte der Maler eine Struktur. So lassen sich unzählige Effekte mit Ölfarben erzielen.

Die nebeneinander aufgetragenen kleinen Farbtupfer verschmelzen aus der Entfernung im Auge des Betrachters zu einer neuen Farbe. Diesen Effekt, die sogenannte optische Mischung, nutzten vor allem die Pointillisten.

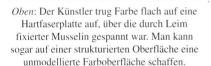

Links außen: In dem Ausschnitt wurden gelbe und rote Ölkreide auf nasse Ölfarbe aufgetragen.

Links: Der Künstler trug zwei Farbflächen – Gelb und Venezianischrot – mit Ölkreide auf und mischt die beiden jetzt mit einem kleinen Tropfen Terpentin. Ölkreide läßt sich hervorragend mit Ölfarben kombinieren.

KÜHLE FARBEN TENDIEREN DAZU ZURÜCKZUTRETEN, WÄHREND WARME FARBEN HERVORDRÄNGEN.

IDENTISCHE ROTE QUADRATE WERDEN DURCH DIE SIE UMGEBENDEN FARBEN VERÄNDERT.

 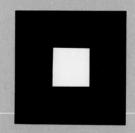

EIN GELBES QUADRAT SIEHT AUF WEISS GRÖSSER AUS ALS AUF SCHWARZ.

EIN ROTES QUADRAT SIEHT AUF WEISS KLEINER AUS ALS AUF SCHWARZ.

VIERTES KAPITEL

FARBEN FÜR DEN KÜNSTLER

Die frühesten Belege für Erfahrungen der Menschen mit Farben sind die steinzeitlichen Höhlenmalereien in Frankreich und Spanien. Die dort verwendeten Farben waren in der Natur vorkommende Erdfarben, die mehrere Rot-, Gelb- und Schwarzschattierungen umfassen. Heute steht Künstlern eine sehr große Auswahl an Farben aus unterschiedlichsten Rohstoffen zur Verfügung, von denen einige erst in den letzten 30 Jahren aufkamen. Kunsthistoriker können Bilder oft anhand der Farben, die der Künstler verwendete, sehr genau datieren. Einige Künstler entwickeln einen sehr charakteristischen Umgang mit Farben, während manche sie im Vergleich mit anderen Aspekten ihrer Arbeit wie Form, Struktur oder Linie eher für nebensächlich halten. Henri Matisse (1869–1954) und Paolo Uccello (ca. 1397–1475) etwa bevorzugten leuchtende Farben, James Whistler (1834–1903) und Gwen John (1876–1939) dagegen arbeiteten mit einer viel begrenzteren, raffinierten Palette. Die beiden letzteren sind ein gutes Beispiel für Maler, die mit wenigen Farben eine ebenso reiche visuelle Erfahrung entstehen lassen konnten wie mit einer größeren Palette.

Links: Wie ein Mensch Farben wahrnimmt, hängt von vielen Faktoren ab. Hier sind einige Beispiele zu sehen, wie Farben durch sie umgebende Farben beeinflußt werden.

Farben sind ein extrem komplexes Thema, und um sie zu untersuchen, muß man diverse Disziplinen zu Rate ziehen: Physik, Chemie, Physiologie und Psychologie. Physiker untersuchen elektromagnetische Schwingungen und Partikel, die im Zusammenhang mit dem Phänomen Licht stehen, Chemiker setzen sich mit den Eigenschaften der Farbstoffe und Pigmente auseinander, Physiologen analysieren, wie uns das Auge und das Gehirn die Wahrnehmung von Farben ermöglichen, und Psychologen untersuchen unser Bewußtsein für Farben und die Art, wie wir von ihnen beeinflußt werden. Der Künstler muß all diese Gesichtspunkte berücksichtigen. Jede Disziplin allerdings definiert Farbe anders, was ein großes Durcheinander zur Folge haben kann. Wir beschränken uns hier auf einige Aspekte der Farbtheorie, die für Sie als Künstler von unmittelbarem Nutzen sein werden.

Vor über 300 Jahren fand Isaac Newton heraus, daß Licht aus Farben besteht, und entdeckte in einem historischen Experiment das Farbspektrum. Er leitete Sonnenstrahlen durch ein Glasprisma, und weil Glas dicker ist als Luft, wurde das Licht abgelenkt oder ›gebrochen‹, als es durch das Prisma fiel. Das Licht, das aus dem Prisma herauskam, war in ein Farbband zerlegt, das wir heute Farbspektrum nennen. Die Farben dieses Spektrums gehen kontinuierlich von Rot, Orange, Gelb, Grün, Blau und Indigo bis Violett ineinander über. Wenn diese Farben mit einer konvergierenden Linse wieder gebündelt werden, bilden sie wie vorher weißes Licht. Der Künstler hat jedoch eher mit den Farben reflektierten Lichts als mit direktem Licht zu tun, eine wichtige Unterscheidung, da sie die Differenz zwischen den Lichtfarben und den Farben von Pigmenten erklärt.

Farbkreis, Farbkugel und Farbbaum sind Mittel, mit denen Künstler versucht haben, sich auf Farben zu einigen und ihre Theorie zu erläutern. Die unterschiedlichen Farbkreise enthielten zwischen 6 und 24 Farben. Der hier dargestellte umfaßt sechs Farben: Rot, Orange, Gelb, Grün, Blau und Violett. Komplementär sind Farben, die sich direkt gegenüberliegen und daher im Farbkreis den größten Abstand voneinander haben. So sind Gelb und Violett oder Rot und Grün Komplementärfarben. In der Mischung ergibt jedes dieser Farbpaare Grau. Diese Farbpaare und ihre Wirkung sind wichtig für die Art, wie wir Farben wahrnehmen, und damit essentiell für die Malerei.

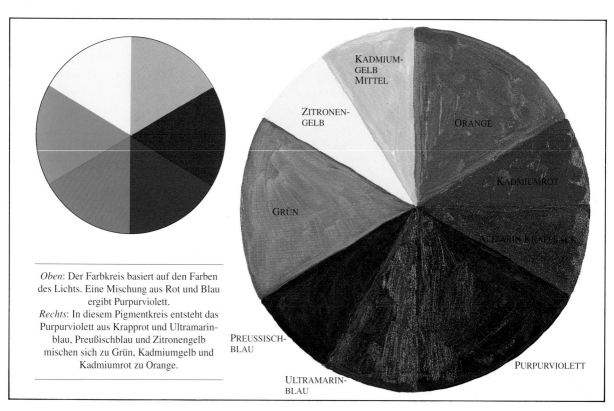

Oben: Der Farbkreis basiert auf den Farben des Lichts. Eine Mischung aus Rot und Blau ergibt Purpurviolett.
Rechts: In diesem Pigmentkreis entsteht das Purpurviolett aus Krapprot und Ultramarinblau, Preußischblau und Zitronengelb mischen sich zu Grün, Kadmiumgelb und Kadmiumrot zu Orange.

KADMIUM-GELB MITTEL

ZITRONEN-GELB

ORANGE

KADMIUMROT

GRÜN

ALIZARIN KRAPPLACK

PREUSSISCH-BLAU

PURPURVIOLETT

ULTRAMARIN-BLAU

Additive und subtraktive Farbmischung

Jede Farbe im optischen Spektrum inklusive Weiß kann man herstellen, indem man unterschiedliche Mengen aus den roten, grünen oder blauen Sektoren des Spektrums mischt. Aus diesem Grund werden sie als additive Grundfarben bezeichnet. Die sogenannten spektralen Komplementärfarben sind zwei beliebige Farben aus entgegengesetzten Teilen des Spektrums, die zu weißem Licht gebündelt werden können. Werden Lichtfarben gemischt, entspricht die resultierende Farbe der Wellenlänge der gemischten Lichtfarben. Aus diesem Grund spricht man von ›additiver Farbe‹, ein spezifisch für Lichtfarben geprägter Ausdruck.

Der Künstler hat mit Pigmenten und nicht mit Lichtfarben zu tun. Wenn Farbsubstanzen, zum Beispiel Pigmente oder Farbstoffe, gemischt werden, findet ein anderer Prozeß statt. Alle Farben haben eine bestimmte Wellenlänge, da sie Bestandteil des Lichts sind, und die Farbe der Pigmente entspricht der Wellenlänge des Lichts, das reflektiert und vom Auge wahrgenommen wird. Diese Wellenlänge entspricht wiederum der der Lichtfarbe, die von dem Pigment oder dem Farbstoff nicht absorbiert wird. Einige Wellenlängen werden ›subtrahiert‹ und die verbleibenden zum Auge zurückgeworfen – und das erscheint uns dann als die Farbe des Pigments. Wenn zwei Pigmente gemischt werden, absorbieren beide bestimmte Wellenlängen, und das reflektierte Licht entpricht dem, was keines von beiden absorbiert. Daher reden wir von ›subtraktiver‹ Mischung. Die Lichtmenge, die zwei kombinierte Pigmente reflektieren, ist offensichtlich geringer als die, die jedes Pigment einzeln reflektiert. Aus diesem Grund versuchen Künstler es zu vermeiden, zu viele Pigmente zu mischen, denn je mehr Pigmente gemischt werden, desto mehr spielt die Farbe ins Grau.

Die subtraktiven Grundfarben sind Cyanblau, Magenta und Gelb. Aus den Pigmenten dieser Farben kann man jede andere Farbe herstellen, und wenn alle drei Farben gemischt werden, ist das Ergebnis Schwarz. Diese drei Farben und Schwarz werden beim Farbdruck verwendet, um alle Farben herzustellen, die Sie in farbigen Zeitschriften, auf Postern und auf anderen Druckerzeugnissen sehen.

Die Primärpigmente des Künstlers sind Rot, Gelb und Blau. Man behauptet zwar manchmal, ein Künstler könne aus diesen dreien alle Farben und Schattierungen mischen, aber das ist nicht ganz richtig. Weder ein intensives Grün noch ein kräftiges Purpurviolett läßt sich damit erzielen. Die echten Primärpigmente eines Malers sind vielmehr Rot, Gelb, Blau, Grün und Purpurviolett.

Einige nützliche Begriffe

Will man einen Farbtyp auf der Skala zwischen Rot, Gelb, Grün und Blau beschreiben, redet man von ›Schattierung‹. Angeblich gibt es 150 unterscheidbare Schattierungen, die sich jedoch nicht gleichmäßig auf das optische Spektrum verteilen, da wir Farben im roten Bereich des Spektrums leichter erkennen. Mit den Begriffen ›Sättigung‹ oder ›Farbstärke‹ trifft man eine Aussage über die Intensität einer Farbe. Die Intensität einer Farbe läßt sich durch unterschiedliche Faktoren verändern, so auch durch die Kraft der sie umgebenden Farben. ›Helligkeit‹ oder ›Ton‹ schließlich bezieht sich auf die Stellung einer Farbe auf einer Hell-Dunkel-Skala.

Warme und kalte Farben

Der Farbkreis kann in zwei Gruppen eingeteilt werden: in die ›warmen‹ und die ›kalten‹ Farben. Die Grüngelb-, Gelb-, Orange- und Rotbereiche gelten gewöhnlich als warme Farben, die Grün-, Blau- und Violettbereiche dagegen als kalt. Die Empfindung von Farben als warm oder kalt ist natürlich subjektiv, und die Menschen bewerten die Grade der Farbtemperatur unterschiedlich – viele sind sich dieser Unterscheidung nicht einmal bewußt. Aber wenn Sie Farben unter diesem Aspekt betrachten, werden Sie feststellen, daß die warmen, feurigen Farben ein anderes Gefühl vermitteln als ihre farblichen Gegenpole. Wenn wir Farben als warm oder kalt bezeichnen, beziehen wir uns natürlich nicht auf ihre physikalischen Eigenschaften, sondern auf ästhetische. Einige Farben fallen ganz offensichtlich in die eine oder andere Kategorie, während andere schwerer zuzuordnen sind.

Die von Natur aus warmen Farben sind die Kadmiumfarben, Kadmiumgelb und Kadmiumrot und die von ihnen abgeleiteten Farben. Diese Farben wirken am intensivsten, wenn sie in Reinform direkt aus der Tube benutzt werden. Entgegen der oben getroffenen Einteilung gibt es auch warmes Blau und kaltes Rot, zum Beispiel sind Ultramarin- und Coelinblau warme Blautöne, während Krapprot und Hellrot kalte Rottöne sind. Wie warm oder kalt eine Farbe ist, hängt stark davon ab, wie Sie Farben zusammenbringen und womit Sie sie mischen. Zitronengelb ist kalt, wenn man es neben Kadmiumgelb plaziert, wird aber neben Preußischblau als warm empfunden.

Luftperspektive

Warme und kalte Farben sind in vieler Hinsicht nützlich. Stehen sie auf derselben Ebene und in derselben Entfernung vom Auge des Betrachters, treten warme Farben hervor, kalte zurück. Dieses Phänomen kann helfen, eine Raumwirkung zu schaffen: indem man kältere Farben für den Hintergrund, wärmere für den Vordergrund nimmt. Viele Landschaftsmaler nutzten gewöhnlich Blau, um weit entfernte Motive darzustellen. Man nennt diese Methode Luftperspektive. Sie kombiniert warme und kalte Farben und arbeitet mit Farbkontrasten, Farbtönen und Linien, um Raumwirkung zu schaffen.

Alle Farben werden durch die Atmosphäre wahrgenommen. Staub und Wassertröpfchen streuen das Licht, das durch die Atmosphäre dringt, und beeinflussen unsere Farbwahrnehmung. Daher scheinen sich Farben entsprechend ihrer Entfernung vom Auge zu verändern. Gegenstände in einiger Entfernung scheinen weniger deutlich und bekommen eine leichte Blaufärbung, während auf weite Entfernung nur vage Umrisse zu erkennen sind, die als reines Blau wahrgenommen werden. Kontraste sind im Vordergrund stärker als im Hintergrund, und auch dieses Phänomen nutzt die Luftperspektive.

Disharmonische Farben

Die Beziehung zwischen einigen Farben ist von Natur aus disharmonisch – die Farben stehen in Konkurrenz zueinander und lassen optische Schwingungen entstehen. Disharmonische Farben können sehr aufregende Effekte haben, die einige zeitgenössische Maler gern nutzen. Ein ›schreiender‹ Effekt ergibt sich etwa, wenn man Komplementärfarben nebeneinanderstellt. Normalerweise wäre das Verhältnis harmonisch, aber durch geringfügige Änderung der Farbtonordnung wird es disharmonisch. Wenn man zum Beispiel Blau und Orange nebeneinander verarbeitet, entsteht eine Blau-Orange-Disharmonie durch eine minimal stärkere Aufhellung des Blaus im Vergleich zum Orange. Die Schwingungen und Disharmonien werden noch dramatischer, wenn die betreffenden Farben Komplementärfarben oder beinahe Komplementärfarben sind und wenn sie dieselbe Intensität haben. Diese Effekte entstehen an den Rändern der einzelnen Farbbereiche und können durch viele Farbabgrenzungen maximiert werden. Jedes Farbpaar kann in Disharmonie gebracht werden, indem man die Tonwerte angleicht und die natürliche Ordnung der Schattierungen umkehrt. Sie werden feststellen, daß das bei einigen Farbpaaren schwerer ist als bei anderen. Von den komplementären Paaren sind Violett und Gelb wohl die problematischsten. Denken Sie daran, daß Violett ebenso stark wie Gelb aufgehellt werden muß. Daher wird es fast wie Weiß aussehen und scheinbar seine Schattierung verlieren. Vielleicht fragen Sie sich, warum man überhaupt farbliche Disharmonien erzeugen sollte. Der Effekt kann sehr aufrüttelnd sein und wird sowohl in der Werbung als auch in der Malerei genutzt.

Mit Farben Stimmungen schaffen

Die Pigmente, die ein Künstler benutzt, können so ausgesucht werden, daß sie die Farben einer Szene wiedergeben, während man mit Farbtönen Formen entstehen läßt. Für die Farbwahrnehmung spielen unsere Gefühle eine wichtige Rolle, und dank dieser emotionalen Reaktionen vermag ein Bild Stimmungen zu erzeugen. Es stimmt uns alle heiter, wenn an einem strahlenden Sommertag die Sonne durchs Fenster auf eine Vase mit leuchtenden Blumen scheint. Denken Sie aber daran, wie Sie sich fühlen, wenn Sie durch das Fenster einen Wintertag mit Nieselregen sehen, graue, regennasse Häuser und Leute, die sich unter Schirme krümmen. Die beiden kontrastierenden Grundzüge sind deutlich: helle, strahlende Farben gegenüber schwachen, einförmigen, trüben. Nutzen Sie diese Elemente beim Malen und steigern Sie sie noch!

Mit limitierter Palette arbeiten

Zu viele Farben auf einem Bild können die Farbwirkung insgesamt verringern. Einige der erfolgreichsten Werke haben einen erkennbaren Farbschlüssel – Turner zum Beispiel hielt seine Bilder vorzugsweise in Blau-Grau, arbeitete dann aber in einem Farbbereich mit Goldocker, um einen Kontrast herzustellen. Versuchen Sie, mit einer Farbe und wenigen Flächen in kontrastierenden Schattierungen zu arbeiten. Sie können auch ein einfarbiges Stilleben herstellen, indem Sie Motive in einer Farbe aussuchen, zum Beispiel in Blau, oder Sie sammeln Abfallstoffe wie Flaschen und Dosen und malen sie alle weiß oder grau. Eine andere Möglichkeit, diese Übung anzugehen, ist folgende: Sie arrangieren ein Stilleben und machen davon mehrere Studien. Arbeiten Sie ohne Motiv an diesen Studien weiter, so daß Sie nicht von dem Versuch abgelenkt werden, die richtige Farbe der Gegenstände zu treffen. Übungen dieser Art sind sehr aufschlußreich und der beste Weg, etwas über Farben zu lernen.

Rechts: Der Künstler arrangierte ein Still-
leben, um sein Bewußtsein für Spektralfarben
und Pigmentfarben zu schulen. Er wählte
absichtlich kräftige Farben für dieses
Vorhaben aus.

Rechts außen: In der ersten Übung arbeitete
er mit Kadmiumgelb, Kadmiumrot, Ultramarinblau und Schwarz. Mit dieser Palette
gelang es ihm, die Lokalfarben ziemlich
genau zu treffen.

Unten rechts: In der zweiten Übung verwendete er bewußt nicht die den Lokalfarben ent-
sprechenden Pigmente, sondern wählte statt
dessen einen roten Ockerton für die Paprika.
In Anlehnung an das Rot der Paprika entwickelte er das Orange und das Blau, so daß
das fertige Bild, soweit es mit diesen Pigmenten möglich ist, dem Motiv entspricht.

Unten rechts außen: Der Künstler hat gemischte Farben verwendet, die von einer Palette ausgehen, wie sie offenbar der Künstler
Walter Sickert (1860–1942) bevorzugte.

Unten: Das Diagramm zeigt, wie diese Farben entstanden. Kadmiumrot, Kadmiumgelb
und Ultramarinblau wurden gemischt, um die
Sekundärfarben herzustellen, die dann wiederum gemischt wurden, um eine dritte
Farbebene zu erzielen. Der Künstler kann die
Mischungen 1, 2 oder 3 plus 4, 5 und 6
benutzen. In diesem Fall malte er mit
1, 4, 5 und 6.

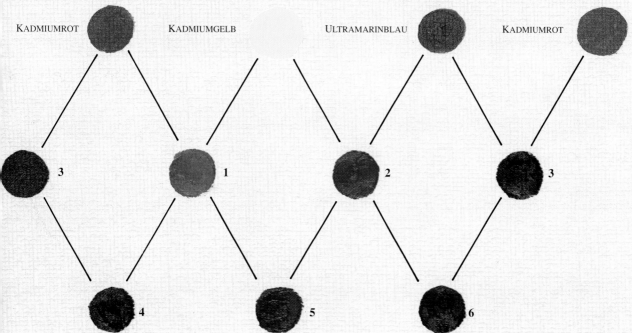

KADMIUMROT   KADMIUMGELB   ULTRAMARINBLAU   KADMIUMROT

3   1   2   3

4   5   6

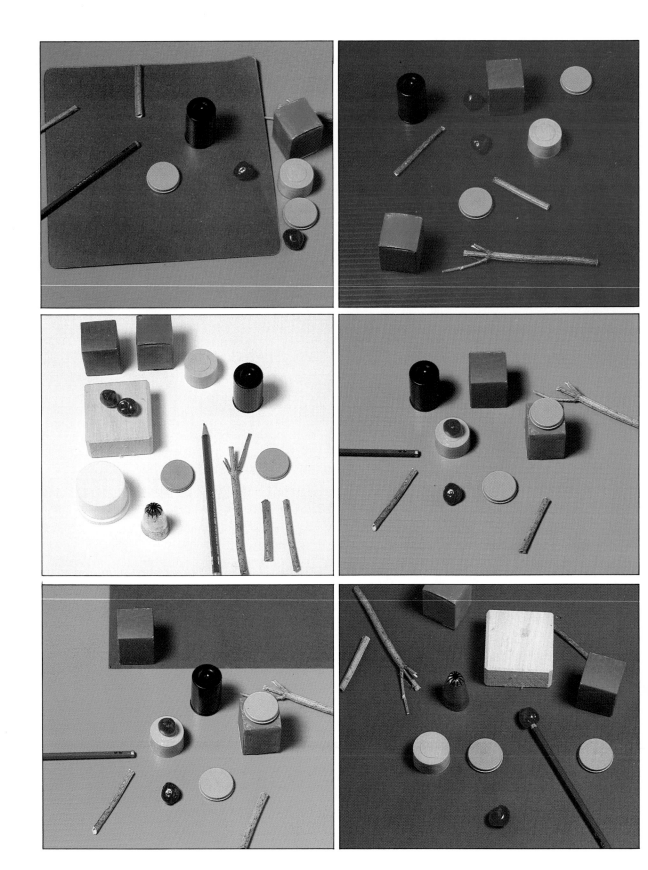

FÜNFTES KAPITEL

DIE BILDKOMPOSITION

Ein Künstler hat stets ein waches Auge, schaut nach Material und sieht in den meisten Alltagsobjekten und -ereignissen die Möglichkeiten für ein Bild. Malen erfordert nicht nur manuelles Geschick und umfassendes Wissen über Farben und Pigmente oder chemische Zusammensetzungen von Grundierungen und Bindemitteln, sondern es heißt auch Schauen, Sehen-Lernen und Umsetzen von dem, was wir sehen. Wenn Sie einmal anfangen zu malen, werden Sie feststellen, wie wenig Sie zuvor eigentlich gesehen haben. Der Maler sieht die Welt jeden Tag mit neuen Augen, und die großen Künstler sind in der Lage, ihre frischen Eindrücke an den Betrachter weiterzugeben. Ein Bild komponiert sich nicht selbst, sondern der Künstler erfaßt das Potential und erfindet das Bild neu aus der ihn umgebenden Welt, aus seiner Erfahrung und seiner Phantasie heraus. Der Künstler wählt aus, verarbeitet, sortiert und verwirft; aus alledem entsteht schließlich eine neue und originelle Vision.

Links: Ein interessantes Experiment, um die Komposition eines Bildes zu studieren, ist es, eine Sammlung kleiner, leuchtend farbiger Objekte zusammenzustellen und sie auf farbigem Papier anzuordnen. Bewegen Sie die Objekte hin und her und stellen Sie fest, wie die diversen Farb- und Formkombinationen auf der Fläche wirken.

Oben: Der Künstler entdeckte in dem Blick aus der Ateliertür nach draußen ein Motiv. Er verwendete stark mit Terpentin verdünnte Ölfarbe, um eine schnelle Skizze zu machen. Bei der Darstellung des Motivs in groben Umrissen handhabe er die Farbe sehr frei.

Für viele Anfänger ist die Auswahl des Motivs ein großes Problem – sie können sich nicht vorstellen, was sie denn malen sollen. Die Lösung ist, daß alles und jedes für den Künstler ›Freiwild‹ ist. Schauen Sie sich einfach um, dann werden Sie eine Menge ›Bilder‹ entdecken: die Struktur eines Tisches, der Blick durchs Fenster, die Gestalt eines Freundes, der während einer Unterhaltung am Türpfosten lehnt, eine Obstschale oder welke Blumen. Es gibt nichts, was man nicht malen kann! Jedes Motiv kann Grundlage für ein Bild sein, allerdings sollte die Wahl von Ihren Interessen und Möglichkeiten abhängen. Am besten ist es, Sie beginnen mit naheliegenden Motiven.

Links: Selbst in der Stadt gibt es Möglichkeiten, im Freien zu malen. Der Künstler malt hier in einem Stadtgarten nach dem Leben.

Durch Stilleben kann man gut eine Vorstellung von Farben, Komposition und Malerei bekommen. Motive gibt es überall, und die Auswahl ist nahezu grenzenlos. Stilleben sind die einzigen Motive, die Sie völlig unter Ihrer Kontrolle haben. Sie werden durch keinen Zeitplan eingeschränkt, und Sie können lange daran arbeiten – es sei denn, Sie arbeiten mit Obst oder Gemüse, das fault. Wenn Sie Objekte ausgewählt haben, überlegen Sie sich Themen und wählen Sie bestimmte Farben oder kontrastierende Formen und Strukturen aus. Vergessen Sie dabei nicht, daß Sie auch die Beleuchtung variieren können.

Innenräume sind gute Motive, um sich mit den Problemen des räumlichen Eindrucks und der Perspektive zu beschäftigen. Ein weiterer Aspekt tritt hinzu, wenn der Raum von außen beleuchtet wird. Der umschlossene, intime Eindruck eines Raums wird dann durch den Schimmer eines kontrastierenden Äußeren verstärkt. Das können Sie in den Arbeiten von Giovanni Bellini und Domenico Ghirlandaio (1449–94) beobachten, die durch ein Fenster entzückende Ausblicke auf italienische Landschaften bieten, mit umfriedeten Städten auf den Hügeln. Viele flämische Meister etwa vermitteln durch ein Fenster eine Vorstellung vom geschäftigen Leben in einer Stadt Mitte des 15. Jahrhunderts. Spätere Maler wie Jan Vermeer (1632–75) deuteten den Außenraum an, indem sie ein Fenster, eine Tür oder häufiger einen Fensterausschnitt ins Bild integrierten, durch die das Licht gefiltert hereinfällt. Kommt eine Person in dem Raum hinzu, kann das Bild noch interessanter gestaltet werden.

Personen und Porträts

Insbesondere bei Personen und Porträts steht dem Maler eine unendliche Materialfülle zur Verfügung. Es ist kein Zufall, daß sich Künstler immer für die menschliche Gestalt interessiert haben. Durch das Ausloten der unendlichen Vielfalt menschlicher Formen und der damit verbundenen Probleme haben sie einen beträchtlichen Erfindungsreichtum entwickelt. Maler machen oft Selbstbildnisse – ein guter Anfang, da sie wie die Stilleben ganz der Kontrolle des Künstlers unterliegen. Wenn Sie aufhören zu arbeiten, hört auch Ihr Modell auf, Modell zu sein. Wollen Sie dagegen bis Mitternacht arbeiten, bleibt auch das Modell da. Sie können auch Familienmitglieder überreden, für Sie zu posieren, wodurch eine Menge Probleme gelöst werden. Fordern Sie aber nicht zuviel von Ihren Modellen, und bitten Sie sie nicht, allzu lange unbeweglich zu sitzen. Lernen Sie, Skizzen zu machen und diese mit Fotografien zu ergänzen.

Landschaft

Landschaften bieten ein weiteres unendlich variables Motiv. Auch hier haben Sie möglicherweise das Glück, geeignete Motive direkt vor der Haustür zu finden, wenn Sie etwa in einer schönen Landschaft wohnen. Stolpern Sie aber nicht in die Falle zu glauben, daß nur felsige Berge und ländliche Szenerien Landschaften sind. Einige der ansprechendsten Motive kann man im Garten, in einem Stadtpark oder sogar beim Blick aus dem eigenen Fenster finden. Die geometrischen Linien und erstaunlichen Perspektiven einer Dächerlandschaft, der Blick auf eine Industrielandschaft oder ein Hochhaus, all das bietet faszinierendes, anregendes Material.

Verarbeitung von Bezugsmaterial

Material zu sammeln, auf das Sie sich später beziehen können, ist für die meisten Künstler sehr wichtig. Verlassen Sie das Haus nie ohne ein Skizzenbuch. Der Weg zur Arbeit, zum Büro, das Mittagessen im Park, überall können Sie Material für interessante Bilder sammeln. Andere

Materialien, die Ihre Phantasie beflügeln könnten, sind Bilder aus Zeitungen und Magazinen und natürlich auch Ihre eigenen Fotografien. Das Thema Fotografie ist aber heikel: Viele Leute lehnen es ab, Fotos als Vorlage für gemalte Bilder zu verwenden. Ihr wichtigster Einwand ist, daß bereits die Kamera selektiert und, da Selektion schon einer der wichtigsten Beiträge des Künstlers ist, das Risiko steigt, daß solche Bilder langweilige, leblose Imitate einer Fotografie werden. Man sollte außerdem im Bewußtsein behalten, daß die Kamera die Realität bis zu einem gewissen Grade verzerrt. Einige Künstler wie Edgar Degas und besonders Walter Sickert (1860–1942) haben solche zufälligen Verzerrungen ausgenutzt. Aber noch einmal: Solange Sie sich dessen, was geschieht, bewußt sind, können Sie selbst entscheiden, was Sie verwenden und wie Sie das fotografische Material einsetzen.

Die Geometrie eines Bildes

Seit dem Altertum haben Künstler die geometrischen Proportionen ihrer Kompositionen berücksichtigt. Im Alten Ägypten teilten die Künstler die Wände in ein Netzwerk von Horizontalen und Vertikalen und ordneten die Elemente darin harmonisch an. Künstler entwickelten ver-

Schneiden Sie einen Rahmen aus buntem Papier oder Pappe, durch den Sie hindurchblicken und den Ausschnitt isolieren können, den Sie malen möchten.
Rechts: Der Künstler verwendet zwei L-förmige Stücke dünner Pappe, um einen Teil dieser Zeichnung herauszuheben.

schiedene Methoden, um ein Gleichgewicht zu erzielen. Der Goldene Schnitt ist eines der wichtigsten Systeme, mit denen man versuchte, besonders ansprechende Proportionen zu kodifizieren. Er wird als eine Linie definiert, die so geteilt ist, daß sich der kleinere Teil zum größeren so verhält wie der größere Teil zum Ganzen. Den Goldenen Schnitt benutzt man, um harmonisch geteilte Linien und Formen zu schaffen. In der Praxis kommt er einem Verhältnis von 8:13 gleich, und es ist erstaunlich, wie oft diese Proportion sowohl in der Kunst als auch in der Natur vorkommt. Der Goldene Schnitt ist seit dem griechischen Mathematiker Euklid bekannt und war besonders in der italienischen Renaissance beliebt. Dieser Formel entsprechende Proportionen lassen sich bei vielen europäischen Malern seit dem 15. Jahrhundert nachweisen.

Form und Größe

Die Form eines Bildes ist eine wichtige, aber häufig übersehene Komponente der endgültigen Komposition. Vergessen Sie beim Entwerfen eines Bildes nicht, die Form und die Größe Ihres Malgrundes mit in Ihre Kalkulation einzubeziehen. Unterschiedliche Formen rufen unterschiedliche Emotionen und Stimmungen hervor; ein Quadrat vermittelt ein Gefühl von Stabilität und kompakter Solidität, während lange, schmale Rechtecke Ruhe ausstrahlen. Zwar werden Bilder in den verschiedensten Formen gemalt, in der Regel sind sie aber rechteckig.

Auch die Größe des Malgrundes ist wichtig. Denken Sie an ein Bild, das Sie aus Reproduktionen kennen. Wenn Sie es in einer Galerie sehen, sind Sie überrascht, weil es viel größer oder kleiner ist, als Sie es sich vorgestellt haben. Wenn Sie die Größe für ein Gemälde auswählen, lassen Sie sich von den Bedürfnissen des Motivs und der Malweise leiten. Manchmal arbeiten Künstler nur deshalb auf einer besonderen Leinwandform und -größe, weil sie keine andere bekommen. In solchen Fällen entwickelt sich das Bild entsprechend dieser Einschränkungen, was zuweilen zu unerfreulichen Ergebnissen führt.

Wenn Sie vorgefertigte Platten oder Leinwände kaufen, sind Sie durch das auf dem Markt erhältliche Sortiment eingeschränkt. Stellen Sie eigene Malflächen her, können Sie aussuchen, was Ihnen gefällt. Daß einige Maler vorbereitete Leinwände in begrenzten Formen und Größen nehmen, mag Gewohnheit oder Faulheit sein oder wirtschaftliche Gründe haben, es ist aber gut, immer wieder etwas anderes auszuprobieren – wenn Sie üblicherweise auf sehr kleinen Flächen malen, versuchen Sie es auch einmal auf einer großen Fläche oder umgekehrt.

Raum und Maßstab in der Malerei

Seit der Renaissance haben sich Künstler mit den Problemen der Darstellung einer dritten Dimension auf der zweidimensionalen Leinwand befaßt. Sie versuchten es mit linearer oder Luftperspektive, um einen scheinbar dreidimensionalen Raum auf der Bildfläche zu erzeugen. Dieses Wissen ist für den Künstler zwar hilfreich, aber nicht erforderlich, denn man kann durch empirische Methoden – also durch die Beobachtung des Vorhandenen – Räumlichkeit auf einem Bild erzeugen.

Die lineare Perspektive basiert auf so vielen Vermutungen, daß die Illusion größtenteils Glaubenssache ist. Sie funktioniert, da uns gelehrt wurde, wie wir zu sehen haben. Aber es gibt auch andere Möglichkeiten, die uns helfen, ein Bild räumlich zu sehen: Ein im Bild hoch plazierter Gegenstand wird etwa als weiter entfernt wahrgenommen als ein tieferstehender. Auch der Maßstab ist ein wichtiger Aspekt. Wenn zum Beispiel zwei gut erkennbare Gegenstände auf einem Bild sind, ein großer und ein kleinerer, nehmen wir das als eine Distanz zwischen den beiden wahr. Wir haben diesen Eindruck, da wir mit den Traditionen mathematischer Perspektive der Renaissance großgeworden sind. Eine interessante Beobachtung ist hierbei, daß auf Bildern aus dem 12. bis 14. Jahrhundert der Stifter, der das Bild in Auftrag gegeben hat, immer kleiner dargestellt wird als die Heiligen.

Einander überlappende Figuren tragen zur räumlichen Illusion bei. Schon die Griechen der klassischen Periode verwendeten diese Methode bei ihren Prozessionsfriesen im Parthenon. Aber jemand aus einer anderen Kultur würde so ein Bild anders wahrnehmen: nicht als zwei hintereinander stehende Personen, sondern als eine unvollständige Person. Diese Erwägung war auch für die ägyptischen Grabmaler wichtig, da sie die Dargestellten nicht mit nur halben Köpfen ins Jenseits schicken wollten.

Verwenden eines Motivsuchers

Eines der Probleme, mit denen ein Künstler konfrontiert ist, besteht darin, die einzelnen Elemente des Motivs zu isolieren, um sie später ins Bild zu integrieren. Das ist besonders dann der Fall, wenn der Künstler im Freien eine Landschaft malt. Mit Hilfe eines Motivsuchers, der lediglich aus einem Karton- oder Papierrahmen besteht, läßt

sich das Motiv isolieren. Der Rahmen wird einfach vor die Augen gehalten und nach hinten und vorn bewegt, so daß verschiedene Elemente der Szenerie darin erscheinen. Wenn Sie keinen Motivsucher zur Hand haben, können Sie auch Ihre Hände entsprechend zusammenhalten und hindurchsehen. Auch eine Kamera kann sinnvoll sein, da sie den Blick auf die Szenerie einengt. Einige Maler arbeiten mit einer Polaroid-Kamera, um einerseits die Bildzusammensetzung zu prüfen und andererseits das Arrangement festzuhalten, um später wieder damit arbeiten zu können. Auch ein Skizzenbuch ist für die Ausarbeitung von Arrangements und Kompositionen sehr nützlich: Manchmal können einige wenige Linien schon die wichtigen Merkmale hervorheben und die Aufmerksamkeit auf potentielle Probleme lenken.

Rhythmus und Schwerpunkt

Alle Bilder haben Randbereiche, und es sind die Beziehungen der abgebildeten Objekte untereinander sowie zwischen den Objekten und den Randbereichen, die die Spannung im Bild erzeugen. Bei einigen Bildern konzentriert sich die Aufmerksamkeit auf die Bildmitte, während die äußeren Bereiche leer sind. Bei anderen befinden sich die bewegten Bereiche in den Ecken, auf einer Seite oder in der Nähe des oberen bzw. unteren Randes. In manchen Bildern sind die bewegten Bereiche gleichmäßig über die gesamte Bildfläche verteilt. Wenn bewegte Bereiche mit ruhigen abwechseln, wandert das Auge von einem zum anderen, ohne auf eine Weise über das Bild geführt zu werden, die der Künstler kontrollieren kann. Sind die bewegten Bereiche gleichmäßiger verteilt, schweift das Auge unablässig hin und her, ohne einen natürlichen Fokus zu finden, auf dem es ruhen kann.

Daher sollte ein Künstler flache, ruhige Bereiche in einem Bild nicht geringschätzen und der Versuchung widerstehen, den leeren Raum stets zu füllen. Die Bezeichnung ›leer‹ ist eigentlich unzutreffend, da kein Teil eines Bildes wirklich leer ist. Auch ein flacher farbiger Bereich oder eine Stelle, wo die Leinwand ohne Farbe durchscheint, wird durch die Formen, die sie einschließen, bestimmt und ist somit ein Teil der Bildgeometrie.

Der Maler kann die Aufmerksamkeit durch die Art der verwendeten Linien auf den Rhythmus und die Schwerpunkte lenken – indem er die Richtung der Strukturlinien betont, durch die Qualität seiner Linien, aber auch durch die Auswahl der Farben und durch die Art, wie die Bilder in den Rahmen gefaßt werden. Die Randbereiche eines Bildes können ebenso für starke Effekte benutzt werden.

Es gibt viele Möglichkeiten, Bewegung innerhalb eines Bildes herzustellen. Ein geschickter Künstler manipuliert den Betrachter, indem er das Auge in eine vom Maler intendierte Richtung lenkt, es mit geschickten Tricks dazu bringt, einen bestimmten Weg über das Bild und sogar aus dem Bild heraus zu nehmen. Komposition kann es nur geben, wenn der Bildbereich klar definiert ist, denn das zwingt den Künstler dazu, Entscheidungen zu treffen, wie er innerhalb festgelegter Parameter arbeitet. Unsere Vorfahren, die auf Höhlenwänden malten, wurden durch solche Erwägungen nicht eingeschränkt. Ihr Bildbereich war nur durch die Größe des Felsens begrenzt und hatte keine klar definierten Ränder.

Licht und Schatten

Alle Bilder, die wir sehen, setzen sich aus reflektiertem Licht zusammen – ohne Licht würden wir gar nichts sehen. Licht kann auch ein wichtiges Element für die Malerei sein. Wir brauchen es, um Formen zu sehen, und dafür ist die Richtung, aus der das Licht kommt, wichtig. Wenn das Licht von einer einzigen Bildseite auf einen Gegenstand fällt, erreicht es nur bestimmte Teile. Alle festen Gegenstände bestehen aus verschiedenen Ebenen, und wir können Formen nur dadurch erkennen, daß das Licht auf eine bestimmte Art und Weise auf sie fällt. Selbst eine unebene Fläche kann man sich als eine unendliche Zahl von winzigen Ebenen vorstellen. Ein Wechsel der Ebene erfolgt, wenn zwei Ebenen aufeinander stoßen, und in der Regel ändert sich der Farbton mit dem Einfallswinkel des Lichts. Der Wechsel der Ebenen ist für die Malerei wichtig, da wir nur so dreidimensionale Objekte definieren und auch darstellen können.

Wie sich der Ebenenwechsel vollzieht, hängt vom Material ab. Harte kristalline Substanzen haben scharf gewinkelte Übergänge, ein weicher Stoff dagegen weiche, geschwungene. So macht Licht die Formen nachvollziehbar und wird dabei selbst zum Gegenstand der Malerei. Die Muster, die durch einfallendes Licht entstehen, lösen Formen auf, die eine Folie für das Lichtspiel werden, so daß wir dank der Formen Licht sehen können.

Schatten sind ebenfalls nützlich; sie helfen uns, einen Raum zu beschreiben und geben weitere Hinweise auf die Form der Objekte, die im Bild dargestellt werden. Die Schatten hängen natürlich davon ab, wie ein Motiv beleuchtet ist. Eine Landschaft, die an einem Nachmittag mitten im Winter gemalt wird, hat lange Schatten, die durch die schwache Wintersonne, die niedrig am Himmel steht, entstehen. Eine Landschaft dagegen, die an einem Sommertag gemalt wird, ist hell und hat beinahe keine Schatten. Das läuft auf ein Bild mit helleren, leuchtenderen Farbtönen und größerer Farbbandbreite hinaus, während die Winterszene mehr Kontraste hat. Im Haus kann Sonnenlicht durch das Fenster fallen. Die Schatten, die etwa durch ein Fensterkreuz entstehen, können in das Bild aufgenommen und die Lichtbereiche dazu genutzt werden, Brennpunkte zu schaffen und die Aufmerksam-

Links: Es gibt viele Themen, mit denen sich ein Künstler auseinandersetzen kann, und es ist sinnvoll, unterschiedliche Studien desselben Motivs anzufertigen. Einige Künstler widmen ihr ganzes Leben nur einem oder zwei Motiven. Hier sehen Sie drei Studien, die eine menschliche Gestalt, Licht und einen Innenraum behandeln.

keit auf wichtige Elemente zu lenken. Überlegen Sie, die Motive eines Stillebens oder eines Personenbildes so zu arrangieren, daß Sie diese Lichteffekte ausnutzen. Dabei müssen Sie aber sehr schnell arbeiten, da sich das Licht mit dem Stand der Sonne ändert.

Oben: Die drei Studien zeigen unterschiedliche Herangehensweisen an dasselbe Motiv: Bäume in einer natürlichen Landschaft. Gleichgültig, wie oft ein Motiv behandelt wurde, kann jeder Künstler immer wieder etwas Neues dazu sagen.

Muster in der Malerei

Ein Muster darf einem Bild nicht aufgezwungen werden, sondern muß sich auf der Grundlage des Vorhandenen natürlich entwickeln. Einige Maler haben ein angeborenes Gefühl für ein Muster. Sie können es wahrnehmen und sich zunutze machen, auch wenn es für uns nicht offensichtlich ist. Wo immer sich eine Farbe oder eine Form wiederholt, entsteht ein Muster, und solche Muster kann man überall in der Natur finden: bei den Kieseln am Strand, im Laub der Bäume, in den Reihen der Weinreben, die sich einen Hügel hinaufziehen. Wenn der Künstler etwas Vorhandenes hervorheben möchte, muß er auswählen und aussortieren, und auch hier ist das, was er ausläßt, ebenso wichtig wie das, was er einbezieht.

Struktur

Struktur findet sich in vielen Aspekten der Malerei: die Struktur des Materials, das Gewebe der Leinwand, Pinselstriche, die der Maler auf der Farboberfläche hinterläßt, die er einritzen, bearbeiten und bewegen kann. Struktur kann auch ein Aspekt des Motivs sein – das Blattwerk eines Baumes hat eine Struktur, ebenso Haar oder Stoff. Wenn der Maler zum Beispiel die Struktur glatter Haut mit Haaren oder mit Samtkleidung kontrastiert, macht er uns die Oberfläche des gemalten Gegenstandes bewußt.

Negative Formen

Das Konzept der negativen Formen ist sehr hilfreich und wichtig. Negative Formen sind die Räume zwischen den Gegenständen, nicht diese selbst. Wenn der Künstler diese Räume sucht und abbildet, kann er eine sehr viel genauere Zeichnung erreichen. Er ist gezwungen, das zu zeichnen, was tatsächlich da ist, und nicht das, was bekanntlich da ist. Jedes Mittel, das ihn dazu zwingt, sich sein Motiv genau anzusehen, ist nützlich. Wenn Sie es noch nicht versucht haben, zeichnen Sie nur die Räume, nicht den Gegenstand selbst. Das ist anfangs schwer, aber zwingen Sie sich selbst, hinzusehen und sich zu konzentrieren, Sie werden überrascht, aber auch befriedigt davon sein, wie genau Ihre Zeichnung wird. Wenn Sie ein Motiv so betrachten, abstrahieren Sie es, und das Bild wird ein Muster aus Formen auf dem Malgrund. Dies hebt einen für den Künstler wichtigen Aspekt der Komposition hervor, nämlich, daß es überall Muster und Ordnungen gibt. Der Künstler sollte sich stets bewußt sein, daß der eigentliche Zweck des Arrangements immer das Ordnen ist, denn das erst gibt einem Kunstwerk Kohärenz.

Die Silhouette ist ein anderer Aspekt der negativen Form. Wenn man zwei Objekte gegeneinander silhouettiert, entstehen eigenartige Formen mit einer starken und gewichtigen Wirkung. Einige Künstler arbeiten bewußt mit diesen Kompositionselementen, andere beziehen sie intuitiv ein. Stark silhouettierte Formen können eine interessante Dynamik erzeugen, da sie die Aufmerksamkeit auf bestimmte Merkmale lenken und das Auge über das Bild führen. So erzeugt man ein Gefühl der Energie. Die Überlegungen, die für eine gute Komposition angestellt werden müssen, sind mannigfaltig, aber der Künstler sollte sich ihrer bei seiner Suche nach Harmonie, Schönheit und Aussage seines Bildes stets bewußt sein.

SECHSTES KAPITEL

LANDSCHAFT

Das Thema Landschaft bietet dem Ölmaler eine wunderbare Gelegenheit, die Möglichkeiten seines Mediums zu erkunden. Für das Malen vor Ort gibt es keinen gleichwertigen Ersatz. Versuchen Sie, so oft wie möglich im Freien zu malen. Arbeiten Sie zügig in der Alla-Prima-Technik, im direkten Malauftrag. Das ist schwieriger, als es scheint, da der Künstler sein Ziel klar vor Augen haben muß. Alle Elemente des Bildes, Farbe, Form und Tonwert, werden zur gleichen Zeit behandelt. Der Künstler muß also eine klare Bildvorstellung haben und sich der gewählten Technik sicher sein. Alla Prima heißt, daß das Bild in einer Sitzung fertiggemalt wird. Dadurch entsteht eine besondere Frische und Unmittelbarkeit.

Man kann vor Ort auch eine mehrfarbige Untermalung in Acryl anlegen, die sehr schnell trocknet, und im Atelier in Öl weitermalen. Auch lassen sich mit Ölfarbe rasche Skizzen auf Papier oder Ölskizzenpapier anfertigen, entweder verdünnt oder direkt aus der Tube.

Ölfarbe ist ein sehr vielseitiges Malmittel. Man kann sie in dünnen Lavierungen oder in dicken Impastos einsetzen. Der Künstler kann Naß in Naß oder in Schichten arbeiten, sobald die vorhergehende getrocknet ist. Dicke Impastos in reinen Pigmenten können mit dünnen, großflächigen Schichten kontrastiert werden, und Farbschichten lassen sich mit Lasuren im Farbton verändern.

EIN BAUERNHOF IN DERBYSHIRE

Der Künstler arbeitete nach einer vor Ort gemachten Skizze, die er natürlich nicht peinlich genau kopierte, sondern auf der er eine ausgewogene Komposition aufbaute. Das Motiv in der Skizze drohte, nach rechts zu kippen, so daß er es in der Komposition mittig bzw. leicht aus dem Bildzentrum setzte. Das Bild leitet das Auge vom Vorder- zum Mittelgrund und weiter zu einem hochgelegenen Horizont. Der Maler bezog den Torpfosten mit ein, um den Betrachter durch einen raschen Maßstabswechsel in die Bildtiefe zu führen. Die Wegkurve lenkt das Auge zum Bauernhaus, dem Bildzentrum. Die Komposition beruht auf zwei Diagonalen, die sich direkt über dem Mittelpunkt des Bildes kreuzen. Dadurch entstehen zwei sich spiegelnde Formen – die grüne Spalte der Hügel und das Dreieck des Feldweges –, ein zwar einfaches, aber wirkungsvolles geometrisches Hilfsmittel. Die helle Farbe des Feldweges führt aufwärts und verbindet sich mit dem hellen Farbton des Hauses.

Der Künstler bereitete eine Hartfaserplatte mit Acrylgrundierung vor. Das Weiß des Grunds tönte er mit verdünntem Lichtem Ocker etwas ab. Ein farbiger Grund lenkt nicht so ab wie ein weißer, und man kann die anderen Farben besser abstimmen. Der ausgewählte Farbton gibt dem Bild eine warme Farbstimmung.

Das Bild wurde sehr rasch gemalt, nachdem die Komposition mit einer Kohlezeichnung festgelegt war. Mit Zeichenkohle kann man frei und großzügig arbeiten. Die sehr lockere Zeichnung hält die Komposition fest und gibt dem Künstler beim Malen eine Orientierung. Das Motiv hat viele Einzelheiten – Bäume, Felder, Himmel usw. –, deren Lokalisierung weniger eindeutig ist als bei einem Stilleben. Ein so komplexes Motiv, das man ja in Hell-Dunkel-Kontrasten sieht, in eine Umrißzeichnung umzusetzen, ist eine beachtliche Abstraktionsleistung.

1 *Rechts*: Der Künstler fertigt oft Skizzen von diesem Motiv an und verwendete mehrere davon als Ausgangspunkt für sein Ölgemälde.

Einen farbigen Grund verwenden

Im ersten Bild rechts bereitete der Künstler einen farbigen Malgrund vor. Mit verdünnter Acrylfarbe trug er rasch und großflächig die Tönung auf. Acrylfarbe trocknet sehr schnell und kann daher sofort übermalt werden. Man kann zwar Öl über Acryl malen, aber nicht umgekehrt. Im zweiten Bild unten rechts tönte der Künstler den Grund mit Ölfarbe ab. Mit Terpentin verdünntes Umbra wurde auf die Leinwand aufgetragen und mit einem Lappen verrieben. Diese Abtönung braucht aber ungefähr einen Tag zum Trocknen. Im letzten Bild rechts außen wurde ein vielfarbiger Grund angelegt. Der Malgrund war eine Leinwand, und der Künstler trug die Farbe wieder mit einem Lappen auf. Ein vielfarbiger Grund bietet sich dann an, wenn man eine klare Vorstellung vom Bild hat – hier wollte der Maler zum Beispiel einen warmen Farbton für das Land und einen kühlen für die Himmelszone.

2 *Unten links*: Die Komposition wurde aus mehreren Vorzeichnungen entwickelt, und der Künstler nahm kleine Veränderungen vor, um ein ausgewogenes, angenehmes Bild zu schaffen.

3 *Rechts*: Mit breiten, gestischen Strichen begann der Künstler die wichtigsten Formen anzulegen. Er arbeitete zügig und versuchte, auch im Atelier etwas von der Expressivität ins Bild zu bringen, die er bei den Skizzen vor Ort spürte.

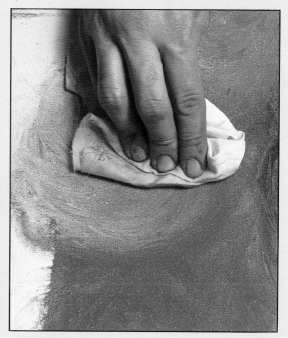

4 *Rechts* sieht man, wie das Motiv aus den lockeren Farbflächen entstand. Der Künstler arbeitete an allen Stellen des Bildes gleichzeitig und ging vom Himmel zum Vordergrund und vom Feldweg zum Laub.

5 *Unten* in dem Ausschnitt wird deutlich, daß die Farbe nicht vollständig auf der Palette ausgemischt wurde. Mit jedem Pinselstrich wurden mehrere Farben gleichzeitig aufgetragen, um einen reich modulierten Effekt zu schaffen.

6 *Oben rechts* trug der Künstler kurze Striche auf, um das Laub der Bäume und Büsche anzudeuten.

7 *Rechts* zeichnete der Maler mit einem kleinen Pinsel die Stufen ein, die an der Hausseite hochlaufen. Hier und im fertigen Bild schimmert die goldene Farbe der Untermalung durch die lockeren Farbschraffuren und schafft eine einheitliche Farbstimmung.

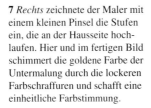

Ein Bauernhof in Derbyshire

Was der Künstler brauchte

Eine 71,1 x 91,4 cm große Hartfaserplatte wurde mit Acrylgrundierung vorbereitet. Lichter Ocker in Acryl diente zum Abtönen. Der Maler arbeitete mit den Flachpinseln Nr. 5, 7 und 10.

Folgende Farben wurden verwendet: Permanentgrün, Lichter Ocker, Siena natur, Siena gebrannt, Ultramarinblau, Saftgrün, Chromoxidgrün stumpf, Elfenbeinschwarz und Weiß.

IM GARTEN

Auch Städter können im Freien malen, besonders natürlich, wenn sie Zugang zu einem Garten haben oder ein Park in der Nähe ist. Das Malen nach der Natur ist eine Erfahrung, die jeder Künstler hin und wieder ausprobieren sollte. Natürlich wirft das Malen direkt nach dem Motiv auch eine Menge Probleme auf. Das Licht wechselt schnell, und hin und wieder wird man von einem Regenschauer überrascht. Der Künstler vollendete das Bild unter einem Schirm und beweist damit eine große Hingabe an sein Motiv. Ein ›en plein air‹ (in der freien Luft) gemaltes Bild zeigt eine Spontaneität und Überzeugungskraft, die im Atelier nur schwer erzielt werden kann.

Malen nach dem Motiv zeigt deutlich, welche Schwächen Fotovorlagen haben, da sie die Perspektive verflachen, die Farben verfälschen und zudem nur einen Augenblick festhalten. Auf der anderen Seite muß der Künstler en plein air auf alle möglichen Wettersituationen gefaßt sein. Zudem muß er die Weite der Landschaft in einer vernünftigen Komposition fassen. In diesem Fall arbeitete der Künstler in einem urbanen Umfeld. Damit war sein Gesichtsfeld durch die Umgebung eingegrenzt. Er hätte mehrere Ansichten auswählen können, entschied sich aber für den kleinen Ausschnitt am Boden, Pflanzen und Töpfe auf Steinfliesen. Das Muster der Steinfliesen, die geometrische Spannung des überschneidenden Blumenstabs und die dazu kontrastierenden weicheren Linien von Pflanze und Topf zogen seine Aufmerksamkeit auf sich. Auch die Farben sprachen für sich. Die verschiedenen Grautöne der Steinfliesen bildeten einen interessanten Hintergrund für das Grün der Quitte und den warmen Terracottaton des Topfes.

Dem Bild liegt eine strenge Geometrie zugrunde. Die Komposition wurde auf dieser Grundlage festgelegt, bevor die Farben in lockerer Geste aufgetragen wurden. Der Künstler hatte nicht viel Zeit, weil das Wetter nicht sehr beständig schien. Er wollte das Bild aber beenden, bevor Licht und Wetter sich änderten. Das Bild wäre in dieser Schnelle sicher nicht gelungen, hätte der Künstler, versiert durch jahrelange Übung und Beobachtungstraining, nicht zuvor die einfache, aber genaue Vorzeichnung angefertigt.

1 *Rechts:* Der Maler arbeitete an einem regnerischen Tag in einem Stadtgarten. Selbst in der Stadt kann man im Freien arbeiten.

2 *Oben:* Der Maler mußte wegen der drohenden Wetterverschlechterung und dem rasch wechselnden Licht schnell arbeiten. Er skizzierte die wichtigsten Flächen mit stark verdünnter Farbe.

Im Verlauf der Arbeit stellte er fest, daß die Komposition verändert werden mußte. Die Linie des Stabes wurde neu gezogen.

3 *Unten*: Mit einer pastosen Mischung aus Weiß und Neapelgelb legte der Maler nun die hellen Stellen an. Blau- und Rottöne ergaben eine Reihe subtiler Grauwerte.

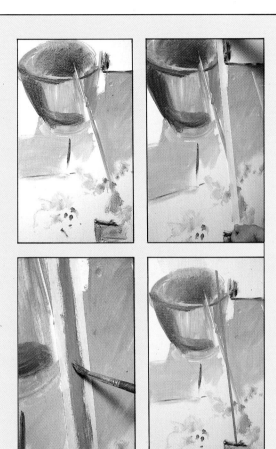

4 *Oben Mitte*: Der Maler erzielte mit voller Farbe und kurzen Strichen ein pastoses Licht auf dem Rand des Topfes.

5 *Oben*: Hier sieht man die vielen verschiedenen Farbaufträge, von dünnen Farblavierungen bis zu lockeren Farbschraffuren und dicken Impastos.

Korrekturen ausführen

Im ersten Ausschnitt sehen wir das Problem des Künstlers. Die Linie des Blumenstabes läuft genau parallel zur Linie des Steins rechts. Das stört optisch und führt das Auge unweigerlich aus dem Bild. Da dies nicht die Absicht des Künstlers war, entschloß er sich, dies zu ändern. Im zweiten Bild legte er Abdeckband für die neue Linienführung an. Nachdem auch das zweite angelegt worden war, malte er zwischen beiden die neue Linie ein. Nach dem Abziehen der Bänder blieb die neue Linie sauber stehen.

6 *Oben*: Die großen Farbflächen und die wichtigsten Tonwerte wurden sehr schnell angelegt. Die Zeit war knapp. Daher baute der Künstler sein Bild Alla Prima auf.

7 *Oben rechts*: Unter dem Zeitdruck verrieb der Künstler die Lichter mit dem Finger.

8 *Rechts*: Der Ausschnitt zeigt den Reichtum der Maloberfläche und die speziellen Pinselstriche, die den Eindruck von Laub vermitteln.

Was der Künstler brauchte

Eine fertig aufgezogene, 76,2 x 50,8 cm große Leinwand wurde mit einer glatten Oberfläche grundiert. Der Künstler arbeitete mit den Borstenpinseln Nr. 5 und 12 und einem weichen Synthetikpinsel Nr. 12. Die verwendeten Farben waren: Payne's Grau, Saftgrün, Chromgrün, Umbra gebrannt, Umbra natur, Kobaltblau, Chromoxidgrün feurig, Chromoxidgrün stumpf, Weiß, Neapelgelb und Kadmiumrot.

Im Garten

UMGESTÜRZTE BÄUME

Dieses Motiv ist vor allem wegen der Formen und Texturen der Bäume interessant: die silbrigen Grautöne der liegenden Stämme, die strengen Vertikalen der stehenden Bäume und ihrer Reflexe im Teich sowie die Diagonalen der umgestürzten Bäume. Die dunkel leuchtenden Tiefen der schattigen Stellen um den Teich kontrastieren mit der Helligkeit der kleinen Landschaft, die links durch die Bäume scheint. Ein Weg, der sich linkerhand ins Bild schlängelt, führt das Auge zu dieser Stelle. Diese Form wird von den Hügeln am Horizont wiederaufgenommen. Weg und Laubdach bilden zusammen einen Halbkreis, der im Bogen des Teiches und im Laubdach auf der anderen Seite ein Gegengewicht findet. Dieses Thema findet sich in dem querliegenden Baumstumpf wieder. Er stellt die Ausgewogenheit des Bildes her, indem er auf die Baumgruppe links vom Zentrum hinführt. Diese Bögen und Vertikalen werden ihrerseits durch die strenge Horizontale ausbalanciert, die am Teich entlang und am Fuß der Hütte vorbeiführt. So wirkt die ganze Komposition fest verspannt und hat doch genügend räumliche Elemente, um Bildtiefe herzustellen.

Der Künstler hat sorgfältig über die Wirkung der verschiedenen Texturen und Oberflächen nachgedacht. Mit einfachen Pinselstrichen gab er die glatte Fläche des schattigen Tümpels, das saftige, grüne Gras, die Vegetation im Vordergrund, die Blätterstruktur des Laubdachs, die glatten Texturen der Baumstämme und die knorrige Erscheinung des alten Baumstumpfes wieder.

Auch das Licht ist wichtig. Links im Bild ist eine hell beleuchtete Landschaft, während rechts im Schatten ein kühler Kontrast hinzukommt. Lichtflecken im Laub der Bäume deuten die Wärme der Sonne an. Das als Untermalung gewählte Goldgelb unterstreicht das Gefühl der Wärme im Bild.

Schließlich nutzte der Maler auch die graphischen Möglichkeiten des Pinsels. Die Farbtöne beschreiben die Formen, in einigen Fällen unterstützt durch den Pinselduktus: kleine heftige Striche, die das Laub beschreiben, pastose borkige Farbe auf dem silbernen Stamm des umgestürzten Baums, die vertikalen Linien, die die Reflexe im Wasser wiedergeben, und die Horizontalen in der glatten Fläche des Teiches.

1 *Rechts*: Die Filzstiftskizze ging aus mehreren Skizzen vor Ort hervor.

Den Malgrund durchscheinen lassen

In den Ausschnitten unten sieht man, wie der Künstler das Goldgelb des Malgrundes durch die Farbschichten durchscheinen ließ, um die Farbgebung zu harmonisieren. An den Details ist zu erkennen, daß es nicht nötig ist, die gesamte Bildfläche mit Farbe zu bedecken. Die unbedeckten Stellen sind ebenso wichtig wie die mit Farbe zugemalten.

2 *Mitte links*: Der ockerfarbene Boden wurde mit Kohle vorgezeichnet. Dann wurden die Linien mit schwarzer Farbe verstärkt, mit der auch die tiefen Schatten im Vordergrund gemalt sind.

4 *Rechts*: Das Bild baute sich schnell auf. Der Maler ging von einer Stelle zur anderen, statt sich auf einen besonderen Teil des Bildes zu konzentrieren. Kleine zusätzliche Farbtupfer im Silbergrau der Borken und in den Grüntönen der Vegetation durchziehen das Bildgefüge und geben der Maloberfläche die Wirkung schimmernden Lichtes.

3 *Links*: Der Ausschnitt zeigt, wie der Pinselstrich geradezu zeichnerisch Formen beschreibt.

5 *Links*: Dieser Ausschnitt macht den Pinselduktus, der die Malfläche in Facetten von Licht und Farbe aufbricht, deutlich. Der Künstler verwendete einen kleinen, weichen Haarpinsel, um die Zeichnung wiederherzustellen.

6 *Unten links*: Wasser gilt als schwierig zu malen. Das Wasser des Tümpels wird von einem Netz horizontaler Linien für die Oberfläche und vertikaler Linien, die Tiefe suggerieren, wiedergegeben.

7 *Unten*: Die Grasbüschel im Vordergrund wurden mit einem kleinen Borstenpinsel in großen Zügen gegeben. Durch die Verwendung pastoser Farbe und deutlicher Pinselschrift legte der Künstler die vorderste Bildebene fest und vermittelt so den Eindruck von Tiefe.

Umgestürzte Bäume

Was der Künstler brauchte

Die glatte Seite einer 61 x 76,2 cm großen Hartfaserplatte wurde vorbereitet, indem die Oberfläche mit Sandpapier aufgerauht und dann eine Schicht Hartfasergrundierung aufgetragen wurde. Der Maler nutzte elf Farben: Weiß, Winsorgelb, Lichter Ocker, Siena natur, Hellrot, Siena gebrannt, Kadmiumgrün hell, Chromgrün, Preußischgrün, Saftgrün und Elfenbeinschwarz. Als Pinsel nahm er Nr. 5 und einen kleinen Marderhaarpinsel für die zeichnerische Arbeit. Alle Farben wurden auf einer Mahagonipalette gemischt.

DIE LANDSPITZE

Dem Künstler ist es hier gelungen, das Motiv genau in das Bildformat einzubringen. Sein Leinwandkarton reflektiert mit dem Hochformat die vertikale Spannung.

Die Ölfarbe wurde hier ganz unkonventionell verwendet. Er ließ die stark mit Terpentin und Liquin verdünnte Ölfarbe nach jedem Auftrag trocknen. Die Farbe ist so dünn, daß an manchen Stellen die Textur des Hartfaserbretts durchscheint. Statt durch den Pinselduktus führte der Maler die Texturen auf andere Weise ein. Er verwendete einen Bleistift, um über die Farbe zu zeichnen, und ein Schneidemesser, um in sie hineinzukratzen. Dann spritzte er Farbe auf die Malfläche und wischte sie an einigen Stellen mit einem Papiertuch weg.

Das Motiv erforderte eine kühle Farbgebung, eine Mischung aus Blau-, Grau- und Grüntönen. Alle Farben wurden aus einer Skala von sechs Farben auf der Palette gemischt. Viele Leute halten Grau für eine langweilige Farbe, da Grau oft etwas Uninteressantes beschreibt. In den Händen von Koloristen kann es jedoch eine subtile, unendlich faszinierende Farbe werden. Grau bildet auch einen guten Hintergrund für intensivere Buntfarben.

Das anspruchsvolle Motiv wurde in ein einfaches, aber wirkungsvolles Bild umgesetzt. Den Künstler interessierten die Komposition, die einfache Farbskala und die Gelegenheit, mit den Texturmöglichkeiten der Ölfarbe in deckenden und gedämpften Flächen zu experimentieren.

Ein rascher Blick auf alle Bilder in diesem Buch zeigt, wie abwechslungsreich Ölfarbe verwendet werden kann. Einige Maler arbeiten deckend, andere gestisch. Manche fasziniert Linie oder Form, für andere ist Farbe das ausschlaggebende Element. Auch wenn Sie Ihre eigenen Vorlieben haben, lohnt es sich, mit anderen Techniken und Vorgehensweisen zu experimentieren. Das verhindert, daß Ihre Arbeit verbraucht wirkt und gibt Ihnen Vertrauen im Umgang mit Ihren alten Techniken. Haben Sie vor allem Spaß am Malmaterial und seiner vielseitigen Verwendung.

1 *Rechts*: Die architektonischen Formen und kontrastierenden Texturen dieser Küstenszene verlangten danach, in Malerei umgesetzt zu werden.

2 *Rechts*: Der Künstler zeichnete mit einem spitzen 3B-Bleistift auf dem leicht rauhen Leinwandkarton vor. Danach arbeitete er ohne weitere Vorzeichnungen direkt auf dem Malgrund weiter.

3 *Rechts*: Die Farbe ist mit Terpentin stark verdünnt und bedeckt die Bleistiftzeichnung nicht ganz. Bevor die nächste Schicht aufgetragen wurde, mußte die erste vollständig durchtrocknen. Der Zusatz von Liquin beschleunigte die Trockenzeit.

4 *Unten*: Mit einer Mischung aus Elfenbeinschwarz und etwas Saftgrün wurden die dunklen Silhouetten der Bäume wiedergegeben, die die Landspitze krönen. Die feinen Details wurden mit einem sehr feinen Marderhaarpinsel eingezeichnet.

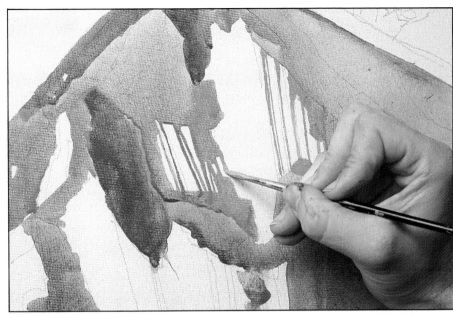

Mit einem Bleistift Textur schaffen

Im Ausschnitt oben schuf der Künstler mit einem spitzen, weichen Bleistift die Textur der Risse in den Felsspalten der Klippe. Viele unerfahrene Maler fühlen sich an ihr Malmittel gebunden. Sie wollen die Techniken nicht kombinieren und meinen, ein ›echtes‹ Ölgemälde dürfe nur mit Ölfarben vollendet werden. Der einzige Sinn der Technik besteht jedoch darin, ob sie funktioniert und den gewünschten Effekt hervorbringt. In dieser Hinsicht gibt es keine Einschränkungen.

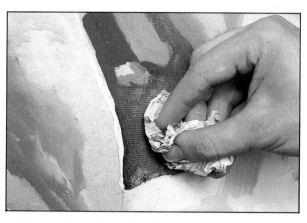

5 *Oben*: In dieser Phase ließ der Künstler das Bild gut durchtrocknen, bevor er die nächsten Farbschichten anlegte. Er bearbeitete die ganze Malfläche, vermalte die Farben aber nicht, so daß die Ränder der Farbflächen noch scharf und deutlich konturiert sind. Dieses methodische Aufbauen dünner Farbschichten ähnelt den Techniken der frühen Ölmaler.

6 *Ganz oben*: Auf den trockenen Malschichten probierte der Maler verschiedene Techniken aus, um die geologische Struktur des felsigen Vorsprungs anzudeuten. Er tupfte Farbe mit einem zerknüllten Papiertuch auf.

7 *Darunter*: Er spritzte mit einem Borstenpinsel verdünnte Farbe auf den Karton, um einen Sprenkeleffekt zu schaffen.

8 *Links*: Der Künstler kratzte mit einem Schneidemesser in die Farbe, um die weiße Leinwand herauszuholen. Diese Technik wird Sgraffito genannt.

9 *Rechts*: Mit einer deckenden Mischung aus Payne's Grau und Weiß setzte der Maler die Lichter ein, die er dann zum Abschluß des Bildes mit dem Finger vermalte.

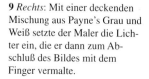

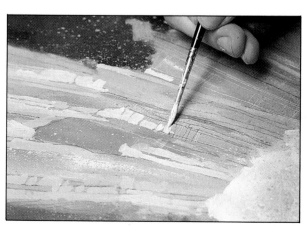

Die Landspitze

Was der Künstler brauchte

Der Maler verwendete für dieses Bild einen fertigen 76,2 x 50,8 cm großen Leinwandkarton mit einer leicht rauhen Oberfläche. Er verwendete Studio-Ölfarben in nur sechs Farbtönen: Saftgrün, Titanweiß, Kobaltblau, Payne's Grau, Elfenbeinschwarz und Lichter Ocker. Außerdem benutzte er das Alkyd-Malmittel Liquin und eine Menge Terpentin. Mit einem 3B-Bleistift, einem Papiertuch und einem Schneidemesser schuf er Texturen. Als Pinsel nahm er einen Marderhaarpinsel Nr. 6, einen synthetischen Weichhaarpinsel Nr. 6 und die Flachborstenpinsel Nr. 4 und 7.

SEESTÜCK VOR DER KÜSTE VON KRETA

Dieses Bild ging aus einer Serie von Fotos hervor, die während eines Urlaubs auf Kreta entstanden. Es war in einem Hafen im Norden Kretas im frühen Oktober, wenn das Sommerwetter von kräftigen Winden aus Afrika unterbrochen wird. Das Foto wurde am späten Abend gemacht, am Ende eines Tages mit Wind, Regen und Sonne. Unter dem glühenden Abendhimmel reflektiert das Meer funkelndes Licht. Der glitzernde Wasserstreifen nimmt die zentrale Stelle in der Komposition ein.

Die regelmäßigen horizontalen Einteilungen und die wiederholten Keilformen sind für die Komposition ausschlaggebend. Die wichtigen Linien sind eigentlich nicht genau horizontal gelegen. Das Motiv kann als drei einfache Keilformen aufgefaßt werden, über die die anderen Bildelemente gesetzt werden. Die obere und untere Keilform des Landes führen das Auge zum Mittelpunkt des Bildes, der Wasserfläche, die rechts im Bild glitzert und glimmert.

Als Malgrund diente eine Hartfaserplatte, auf die ein leichter Baumwollstoff aufgeleimt wurde. Das ergab eine angenehme Malfläche und Imprimitur, da die Textur des Stoffes roher Leinwand ähnelt. Die kühle, neutrale Farbe ist ein wichtiges Element des Bildes und hält die Komposition zusammen.

Die Textur des Malgrundes ist ziemlich rauh und nimmt eine Menge Farbe auf. Das beeinflußt auch den Farbauftrag. Der Künstler nutzte dies, um die Textureigenschaften der Farbe auszureizen. Ölfarbe läßt sich auf viele verschiedene Arten auftragen und erzeugt eine Reihe unterschiedlicher Pinselzeichen. Das macht nicht zuletzt den Reiz dieser Maltechnik aus. Um die gewünschten Effekte zu erzielen, verwendete der Künstler neben der Ölfarbe auch Bleistifte, Pastellkreiden, Lappen und direkt aus der Tube aufgetragene Farbe. Auf der Suche nach neuen, geeigneten Effekten setzte er alles ein, was dem Werk die Dynamik und Spannung verleihen konnte, die er während der Arbeit spürte.

1 *Rechts*: Ein Foto kann als Ausgangspunkt oder Erinnerungsstütze dienen. Es sollte aber nicht sklavisch kopiert werden.

2 *Rechts*: Mit einer pastosen Mischung aus Coelinblau und Weiß schrubbte der Künstler die Farbe in kräftigen Strichen aus. Die Farbe mußte großzügig verwendet werden, da der grobe Stoff viel Farbe schluckte. Aber gerade die offen gebliebenen Stellen, wo der Malgrund mit seiner warmen Farbe durchschimmert, bilden in Zusammenhang mit den Farbaufträgen eine neue, interessante Textur.

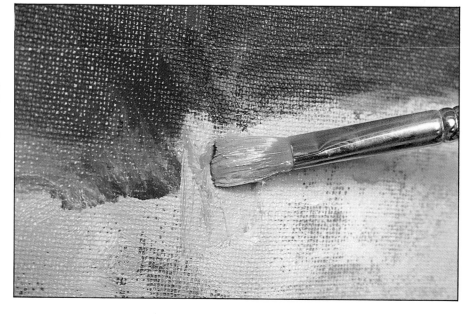

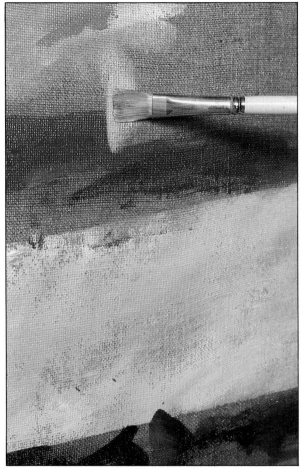

Die Farbe direkt aus der Tube verwenden

Der Künstler drückte hier die Farbe direkt aus der Tube auf die Leinwand. Die Farbe erhält so eine plastische Qualität und schafft eine Reliefwirkung, die ihren Materialcharakter betont. Die erhabenen Farbtupfer reflektieren das Licht anders, als es eine gleichmäßige, dünne Farbschicht täte. Die so aufgetragene weiße Farbe gibt das vom gekräuselten Wasser reflektierte Licht gut wieder. Der dicke Strich Marsgelb kontrastiert mit der Textur des Baumwollstoffes.

3 *Oben* sieht man, wie die Farbe vom Malgrund angenommen wird. An einigen Stellen wird er vollkommen zugedeckt, an anderen scheint er in Flecken durch. Hier trug der Künstler eine dünne Farbschicht für die Himmelszone auf.

4 *Rechts*: Die Geometrie des Bildes ist sehr einfach. Drei Keilformen bilden die Grundlage, über die die Details der Komposition gelegt wurden.

5 *Oben*: Ölfarbe ist ein vielseitiges Malmittel. Man kann sie in dünnen Schichten oder dicken Impastos einsetzen. Der Maler kann Naß in Naß arbeiten oder die Trockenzeit abwarten und neue Schichten auftragen. Der Künstler legte Tupfer in Weiß direkt aus der Tube an und verrieb sie mit dem Finger.

6 *Oben*: Der Künstler mischte Umbra natur mit Schwarz und trug mit einem Lappen im Vordergrund des Bildes breite Flecken auf. Die Farbe haftet nur unvollständig auf dem Malgrund, so daß an manchen Stellen der ockerfarbene Grund durchscheint und die dunkle Farbschicht abtönt.

7 *Links*: Deckende, dicke Impastos können mit gleichmäßig dünnen Farbschichten kontrastiert und Farbtöne zudem durch Lasieren abgewandelt werden. Der Künstler versuchte, zugemalte Bildteile mit einem Bleistift neu herauszuholen.

8 *Links*: Der Künstler verwendete gelbe Ölpastellkreide, um Textur und Farbe in der Wasserfläche zu schaffen. Er tunkte die Pastellkreide in die Farbe und schuf einen Tupfeneffekt. Das Gelb wirkt als Komplementärfarbe zum Blau. Das fertige Bild unten zeigt, wie man aus einer dürftigen, recht uninteressanten Fotovorlage eine spannende Komposition machen kann.

Was der Künstler brauchte

Gemalt wurde auf einem Hartfaserbrett mit aufgeleimtem grobem Baumwollstoff. Die Farben waren Coelinblau, Weiß, Marsgelb, Siena gebrannt, Siena natur, Umbra natur, Neapelgelb und Ultramarinblau. Als Pinsel wurde ein Flachpinsel Nr. 12 gebraucht.

Seestück vor der Küste von Kreta

WINTERLANDSCHAFT

Hier fing der Maler die Winteröde dieses exponierten und windgepeitschten Ortes ein. Das Bild wurde nach vor Ort gemachten Skizzen im Atelier gemalt. Der niedrige, bleierne Himmel schien ein geeignetes Motiv. Der Künstler skizzierte schnell die stärksten Tonwertkontraste wie die Baumstämme vor dem Himmel mit einem Filzstift ein. Farbnotizen dienten als Gedächtnisstütze, falls er später noch einmal zum Ort zurückkehren wollte. Eine Skizze kann viele Funktionen erfüllen. Sie ist ebenso Tagebuch wie auch Sammlung von Motiven, Themen und Ideen. Der Künstler könnte zum Beispiel eine stürmische Landschaft oder einige Winterbäume in Silhouette in den Hintergrund des Bildes einfügen wollen. Außerdem trainiert das Skizzieren den Kopf genauso wie Notizenschreiben. Sehen und Skizzieren sind zwei völlig verschiedene Dinge. Erst beim Zeichnen werden die Dinge klar und fügen sich zu einem sinnvollen Ganzen zusammen. Man ist gezwungen, sich zu konzentrieren, zu schauen und wieder zu schauen, um zu sehen, ob der Augenschein nicht doch trügt. Zurück im Atelier muß die Skizze natürlich nicht genau kopiert werden. Das Skizzenmaterial wird in einem kreativen Prozeß umgesetzt. Es wird mit anderen Erfahrungen verglichen, ergänzt, übertrieben, zurechtgerückt und inszeniert. Der Künstler macht daraus etwas, das ganz und gar seine eigene Erfindung ist.

Hier ist die Bildkomposition im Grunde einfach: Es gibt drei deutlich voneinander abgehobene Flächen, den Vordergrund, die Hügel dahinter und den Himmel. Die Bäume im Mittelgrund verbinden beide Teile. Darüber sind einige Diagonallinien gelegt, die das Bild kreuz und quer durchziehen: die Mauer, die das Auge in das Bild führt, der Rand des Grasfeldes, die Linien der Hügel. Die Bildfläche ist somit ein komplexes Gewebe ineinandergreifender geometrischer Formen, die das Auge im und durch das Bild leiten. Viele Maler behandeln diesen Aspekt des Malens eher unbewußt, während andere die zugrundeliegende Geometrie eines Bildes genau reflektieren. Um diese Beziehungen sehen zu lernen, sollte man am besten die Arbeit anderer Maler studieren und sie hinsichtlich dieser Fragen analysieren. Sobald Sie einmal die Grundregeln erfaßt haben, werden Sie diese Gesetze auch in Ihren eigenen Bildern anwenden.

1 *Rechts*: In dieser rasch vor Ort gemachten Skizze ist viel Information enthalten.

Eine alte Leinwand nochmal verwenden

Der Künstler übermalte ein altes Gemälde, an sich eine ökonomische Maßnahme, in diesem Fall jedoch ein bewußt gewähltes Mittel, um das Bild lebendiger zu gestalten. Der alte Malgrund diente als vielfarbiger Untergrund und gute Malfläche. Drehen Sie in solchen Fällen das alte Bild auf den Kopf, damit das ursprüngliche Bild nicht stört. Wo es unbemalt bleibt, verstärken die offenstehenden Farbflecken die Farbwirkung des neuen Werkes.

2 *Oben links*: Die groben Umrisse der Komposition begannen, sich aus dem komplexen Netz von Linien und Farbflecken des ursprünglichen Bildes herauszuschälen. Der Maler verwendete sehr dicke schwarze Linien, um die Bildkomposition zu kennzeichnen.

3 *Links*: In diesem Bildausschnitt sieht man das reiche und komplexe Farbmuster, das sich beim Übermalen des alten Bildes entwickelte.

4 *Rechts*: Die pastose Malfläche des alten Bildes schuf einen texturierten Grund, so daß die cremige Farbe, die über die bereits trockene Steinmauer gestrichen wurde, nur auf den Erhebungen haftet und die darunterliegende Farbe durchscheinen läßt.

5 *Oben*: Der Künstler entwickelte alle Teile des Bildes gleichzeitig und behielt so die Bildvorstellung immer im Auge.

6 *Oben rechts*: Der helle Lichtstreifen genau über dem Horizont ist ein wichtiges Element in der Komposition. Das Licht wurde in einer Mischung aus Ocker und Weiß angelegt.

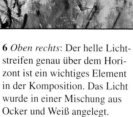

7 *Oben*: Mit einem Marderhaarpinsel Nr. 6 und schwarzer Farbe verstärkte der Künstler die Silhouetten der Bäume und gab die kleinen Äste wieder.

8 *Rechts*: Mit einer Mischung aus Saftgrün und Schwarz trug er nun die spärlichen Grünreste der Koniferen auf, wobei er genau auf den Wuchs der nadelförmigen Blätter achtete.

Was der Künstler brauchte

Er malte auf einer 61 x 76,2 cm großen Hartfaserplatte, auf der schon ein Bild war. An Farben nutzte er Kadmiumgelb, Lichten Ocker, Siena natur, Siena gebrannt, Ultramarinblau, Saftgrün, Kobaltblau und Chromoxidgrün stumpf. Als Pinsel dienten flache Borstenpinsel Nr. 8 und 10 sowie ein feiner Synthetikpinsel für die Details.

Winterlandschaft

BLICK ÜBER DIE DÄCHER

Die meisten von uns sind Stadtbewohner. Je mehr die Städte wachsen, desto ferner werden uns die traditionellen Motive des Landschaftsmalers. Hügel, Täler und Küsten sind nur noch wenigen zugänglich, während der Rest von uns sich mit Wochenendausflügen und den Ferien begnügen muß, um die Natur aus erster Hand zu studieren. Aber auch die Stadt bietet für den, der Augen hat zu sehen, genügend Motive, auch über die Landschaftsreservate in den Parks und öffentlichen Gärten hinaus. Die spätestens im 18. und 19. Jahrhundert geprägte Suche nach dem Pittoresken und Wilden legt nahe, daß die einzig wahren Motive für den Landschaftsmaler wilde, schroffe Bergzüge oder idyllische Szenen in der Toskana wären, wie sie von Claude Lorrain (1600–1682) oder Nicolas Poussin (1594–1665) gemalt wurden. Aufgrund der zahlreichen wechselnden Kunstbewegungen unseres Jahrhunderts gibt es heute keine Übereinkunft mehr, wie ein richtiges Motiv auszusehen hätte. So hat der Künstler die freie Wahl. Über die zugänglichen Motive wäre viel zu sagen, besonders dann, wenn der Maler nicht zuviel Zeit hat. Der Blick aus dem Fenster aber ist immer da, an jedem Abend, wenn man von der Arbeit zurückkommt, wie auch an Wochenenden.

Stadtlandschaften bieten dem Künstler viele hübsche Ansichten und ebenso viele Herausforderungen. Der hier gezeigte Blick ist ein schönes Beispiel dafür, wie ein alltäglicher Ausblick zu einer echten Herausforderung wird. Die Ansammlung der Dächer ist kompliziert, und man muß sorgfältig hinsehen und die Gesetze der Perspektive anwenden, um eine realistische Darstellung zu erreichen.

Der Maler teilte das Bild in zwei Hälften, wobei die eine dem Himmel und die andere dem Puzzle aus architektonischen Teilen eingeräumt wurde. Letzterer Bildteil besteht aus geometrischen Formen von Dächern und Kaminen und den gestreiften Mustern der Bedeckungen, kühlen Grau- und Weißtönen, hin und wieder durch einen Tupfen helles Rot belebt. Der Künstler ließ einen großen Teil des Bildes leer, wodurch sich ein spannender Kontrast zum Dachgewirr darunter ergibt. Der Blickwinkel, die Verteilung der Formen und die Möglichkeit, die Formen sowohl topographisch als auch abstrakt zu lesen, machen diese Bildkomposition spannend und ambitioniert.

1 *Rechts*: Das Motiv ist kompliziert, und der Künstler begann daher mit einer sehr genauen Vorzeichnung.

2 *Rechts*: Die dunkelsten Teile wurden mit einer Mischung aus Schwarz und Umbra natur, verdünnt mit Terpentin, angelegt.

Leeren Raum einsetzen

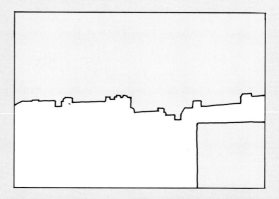

Der Künstler widerstand der Versuchung, alle leeren Stellen auszufüllen. So findet das Auge beim Betrachten immer wieder einen Ruhepunkt. Die leeren Flächen betonen den spannenden Kontrast zu den anderen Teilen des Bildes. Im zweiten Bild des gleichen Künstlers auf S. 93 ist die gesamte Bildfläche belebt und schafft ein Gefühl der Unruhe und Energie, die hier ganz anders ausfällt.

3 *Oben*: Als nächstes wurden die etwas helleren Teile mit einem Marderhaarpinsel Nr. 3 und Payne's Grau angelegt. Die dunklen Töne dienten als Orientierung für die mittleren und hellen Töne.

4 *Unten*: Aus Weiß, Lichtem Ocker, Kadmiumrot oder Siena gebrannt wurden Mitteltöne gemischt und den dunklen Farbtönen zugesetzt.

5 *Oben*: Das Bild ist offensichtlich eine ziemlich genaue Wiedergabe des Motivs, aber auch ein abstraktes Muster geometrischer Formen.

6 *Unten*: Der Ausschnitt offenbart die dünne Malschicht und die Reaktion mit der glatten Malfläche.

7 *Rechts*: Der Künstler fügte noch Details in intensiven Rot- und Beigetönen ein, die aus Payne's Grau, Lichtem Ocker und Weiß gemischt wurden. *Gegenüber*: Im fertigen Bild wurde der Himmel mit einer Mischung aus Titanweiß und Coelinblau eingefügt und dann mit einer dünnen Lasur in Umbra natur abgetönt.

Was der Künstler brauchte

Eine 55,9 x 66 cm große Hartfaserplatte wurde mit Dispersionsfarbe, die mit Dispersionsmittel 50:50 abgemischt war, grundiert. Das ergab eine glatte Malfläche, auf der mit nur acht Farben gemalt wurde: Coelinblau, Payne's Grau, Elfenbeinschwarz, Kadmiumgelb, Lichter Ocker, Kadmiumrot, Siena gebrannt, Umbra natur und Titanweiß. Der Künstler benutzte einen Marderhaarpinsel Nr. 6 und einen Synthetikpinsel Nr. 10.

Blick über die Dächer

SIEBTES KAPITEL

PORTRÄTS

Das Porträt bietet eine endlos faszinierende Inspirations-quelle. Dem Reichtum an Motiven und Themen stehen jedoch fast ebenso viele Probleme gegenüber. Der Maler muß nicht nur die subtilen Fleischtöne und die ungeheu-re Vielfalt der menschlichen Gesichtszüge wiedergeben, sondern auch die feinen Unterschiede zwischen den ver-schiedenen Altersstufen. Das erste Problem ist, ein Mo-dell zu finden. Professionelle Modelle wollen bezahlt sein. Wenn man langsam malt, kann das sehr teuer wer-den. Vielleicht stellen sich Mitglieder der Familie frei-willig zur Verfügung, wissen aber nur selten, wie ermü-dend solche Sitzungen sein können. Nach der ersten Begeisterung fangen sie bald an, höfliche Ausflüchte zu machen.

Zweifellos werden Sie selbst das billigste und koope-rativste Modell sein. Das erklärt, warum Künstler aller Zeiten immer wieder auf das Selbstporträt zurückgrif-fen. Das vielleicht schwierigste Problem ist jedoch die verlangte Ähnlichkeit eines Porträts. Das ist manchmal pures Glück. Einige Maler sind darin sehr gut, während andere, selbst talentierte Künstler, nie eine große Ähn-lichkeit erzielen, sondern lediglich Bilder malen, die et-was vom Charakter des jeweiligen Modells offenbaren. Am besten ignoriert man den Anspruch der Ähnlichkeit und behandelt das Thema Porträt so wie andere Themen auch, zum Beispiel ein Stilleben. Versuchen Sie, das Modell als ein Muster von Flächen zu sehen, das vom Licht geschaffen wurde. Malen Sie das, was Sie sehen, und Sie werden überrascht sein, gerade dann Ähnlich-keit erzielt zu haben.

SITZENDE EVIE

Dieses reizende Kinderporträt wurde nach dem Leben gemalt. Kinder stellen Künstler vor besondere Probleme, da sie meist nicht lange stillsitzen können. Der Künstler muß viel Geduld aufbringen und einige Tricks kennen, um das junge Modell zu porträtieren. In diesem Fall saß das Kind gern Modell. Der Maler hielt seine Aufmerksamkeit durch Gespräche wach und ließ es zahlreiche Pausen machen. Nur die wichtigsten Einzelheiten wurden in dieser Sitzung festgehalten und später aus dem Gedächtnis und mit Hilfe von Skizzen sowie einem Polaroidfoto fertiggestellt.

Kindergesichter unterscheiden sich beträchtlich von der fertig entwickelten Erscheinung eines erwachsenen Gesichts. Bei Kindern ist der Ausdruck wichtiger als die Züge. Beachten Sie die schlaksige Erscheinung und die schmalen Schultern des Mädchens. Es sitzt in einer typisch aufrechten Position, seine Arme und Beine sind dünn und weniger ausgeformt als bei Erwachsenen.

Der Künstler begann das Bild in Acryl, das schnell trocknet und zügiges Arbeiten erlaubt. Er machte zunächst eine Vorzeichnung in Kohle, um die wichtigsten Züge des Modells festzuhalten. Einer der großen Vorteile der Zeichenkohle ist der weiche Strich und die Möglichkeit des Auswischens. Bei komplizierten Motiven bietet sich Kohle für die Vorzeichnung an, um bei der Komposition noch Spielraum für Korrekturen zu haben.

Die fröhliche Farbgebung des Porträts gehört zu den schönsten Elementen dieses Bildes. Ganz zufällig trug das Mädchen ein Kleid in den drei Grundfarben Rot, Gelb und Blau.

Kohlevorzeichnung
In den beiden Fotografien unten zeichnete der Künstler mit einem Stück Zeichenkohle vor. Zeichenkohle ermöglicht eine geschmeidige Linienführung. Sie kann leicht abgewischt werden und eignet sich sowohl für dicke wie für dünne, für helle wie für dunkle Linien. Im zweiten Bild verwendete der Künstler ein weiches Tuch, um die Zeichnung abzudämpfen. Da Kohle ein weiches, krümeliges Zeichenmittel ist, besteht die Gefahr, daß der Kohlestaub die nachfolgenden Malschichten verschmutzt. Mit einem weichen Tuch kann man diesen Staub wegwischen oder die Zeichnung mit einem Fixativ besprühen.

1 *Rechts*: Das kleine Mädchen wählte selbst die Pose. Kinder langweilen sich schnell und werden unruhig. Daher machte der Künstler mehrere Pausen und vollendete das Bild später nach Skizzen und einem Foto.

3 *Rechts*: Mit einem Fleischton aus Kadmiumrot, Weiß und ein wenig Lichtem Ocker skizzierte er die Vorderarme. Darüber wurden Streifen in Gelb angelegt. Die Farben mischen sich im Auge des Betrachters und suggerieren die warme Fleischfarbe.

2 *Oben*: Zuerst wurde eine Kohlevorzeichnung gemacht. Um in dieser Sitzung möglichst viel zu schaffen, arbeitete der Künstler sehr rasch. Mit einem Lappen wischte er die dominanten Farben Rot, Gelb und Blau mit Acrylfarben direkt aus der Tube ein.

4 *Unten links*: Nachdem die gefalteten Hände in Acryl vorgemalt waren, zeichnete der Maler mit einem Bleistift über die trockene Farbe.

5 *Unten rechts*: Der Künstler überprüfte dauernd seine Zeichnung und achtete zum Beispiel auf die Formen zwischen den Armen und zwischen Armen und Beinen.

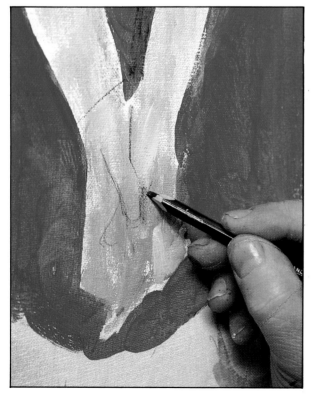

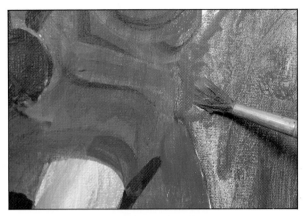

6 *Links*: Nun arbeitete der Künstler nicht mehr nach Modell und wechselte zur Ölfarbe. Der Hintergrund wurde mit einer Mischung aus Umbra natur und Ocker angelegt. In die noch feuchte Farbe vermalte er Payne's Grau und Tupfen von Kadmiumrot, um die Farbtöne des Holzfußbodens wiederzugeben.

8 *Unten*: In diesem Ausschnitt setzte der Künstler mit einem Palettmesser das Muster der Socken ein. Das dicke Impasto schafft Textur und zieht die Aufmerksamkeit an.

7 *Unten links*: Die Augen erhielten den letzten Schliff.

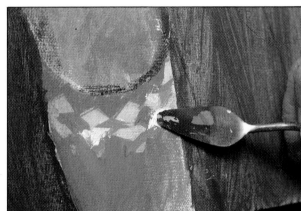

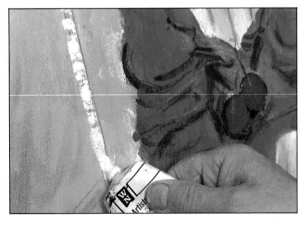

9 *Oben*: Der Künstler drückte einen dicken Strang weißer Ölfarbe aus der Tube auf den Malgrund, wo die Türplatte wiedergegeben werden sollte. Es gibt viele Möglichkeiten, Farbe aufzutragen. In diesem Bild verwendete der Künstler Lappen, Pinsel, Palettmesser und die Farbtube selbst. Experimentieren Sie mit diesen Techniken, und Sie werden interessante Texturen und Effekte schaffen.

10 *Oben*: Mit einem feinen Pinsel wurden nun die Lichter im Haar eingefügt, dann mit Bleistift auf der trockenen Farbe weitere Texturen gezeichnet. *Gegenüber*: Das fertige Bild zeigt eine große Ähnlichkeit und fängt den Charme und die Jugend des Mädchens gut ein. Der Künstler hat die Komposition sorgfältig ausgewogen: Der Hintergrund ist sehr geschickt eingeteilt und dient als Folie für die hellen Farben des Motivs.

Was der Künstler brauchte

Als Malgrund diente eine 71,1 x 50, 8 cm große Tafel mit feiner Leinwand. Die verwendeten Farben waren Kadmiumgelb, Ultramarin-blau, Weiß, Siena gebrannt, Umbra natur, Kadmiumrot, Lichter Ocker und Payne's Grau. Als Pinsel wurden ein breiter Flachpinsel Nr. 7 und ein kleiner Marderhaarpinsel verwendet, dazu ein Bleistift, ein Palettmesser und ein Lappen.

Sitzende Evie

MICHAEL

Dieses Bild ist eigentlich nur eine Ölskizze. Um die groben Umrisse des Modells schnell festhalten zu können, arbeitete die Künstlerin mit verdünnter Farbe und gestischem Auftrag. Sie begann mit einer Kohlevorzeichnung, ohne sie jedoch mit einem Lappen zu dämpfen, da sie die Veränderung der Farben durch den Kohlestaub einbeziehen wollte. Innerhalb einer halben Stunde hatte sie die groben Umrisse der Studie festgelegt. Das Weiß des Malgrundes wurde vollständig farbig übermalt. Die Künstlerin arbeitet gern mit verwandten Farbtönen, die gegen reines Weiß schwer abzustimmen sind. Die Formen entstanden durch warme und kalte Farben sowie Linienzeichnung. Da warme Farben vortreten, verwendete die Künstlerin Kadmiumgelb bei den Teilen von Rumpf und Schultern, die das Licht einfangen. Die kühlen Farben sparte sie für die zurückliegenden Flächen auf, vor allem für die Übergänge zwischen Hintergrund und Figur, etwa auf der rechten Schulter.

Der Malgrund hat eine glatte, dicht gewebte Textur, die unter den dünnen Farbschichten sichtbar bleibt. Die Farbe konnte auf dieser fein texturierten Fläche gut verarbeitet werden und auch die Linienzeichnung stand gut. Die Vorliebe für Linie wird an den gestischen Pinselstrichen deutlich, die das lockige Haar des Modells wiedergeben.

Die Künstlerin arbeitete in drei geradezu anatomischen Etappen. Zuerst malte sie den weißen Grund mit großzügigen Farbflächen zu, um einen Anhaltspunkt für die folgenden Farbwerte zu haben. Dann folgte sie der Vorzeichnung, wobei sie auf die Sehnen und Winkel der Glieder und auf die Stellen achtete, wo die Knochen mehr hervortreten. Im letzten Schritt nahm sie sich das Fleisch und die Muskulatur vor.

Das Bild ist ein gutes Beispiel dafür, wie man mit Ölfarbe skizziert. Die Künstlerin hat die Farbe mit Terpentin verdünnt, um schnell zu arbeiten und Farbe zu sparen. Es kamen die gleichen Farben und Materialien zum Einsatz, die man auch für ein ausgeführtes Porträt gebraucht hätte.

Zwischen der Pose auf dem Foto und dem ausgeführten Bild bestehen leichte Unterschiede. Das rührt daher, daß das Modell während der Sitzung etwas zusammensackte. Nach mehreren Pausen ist es schwierig, wieder genau dieselbe Pose einzunehmen.

1 *Rechts*: Das Modell sollte sich bequem hinsetzen, da die Künstlerin das Gesicht in entspannter Haltung malen wollte. Sie wählte eine Dreiviertelansicht und bezog den Rumpf mit ein.

2 *Unten*: Die groben Umrisse der Figur wurden mit leichten Kohlelinien skizziert. Über dieser Grundlage wurden locker mehrere Farben aufgetragen.

3 *Rechts*: Die Künstlerin übermalte das Weiß des Grundes vollständig, um die Tonwertkontraste rasch zu reduzieren. Dann entwickelte sie die Gesichtszüge, war aber unzufrieden und wischte die Farbe mit einem terpentingetränkten Lappen wieder weg.

4 *Unten*: Die Künstlerin zeichnete Augen, Mund und Nase mit einem kleinen Pinsel und flüssiger Farbe neu. Deutlich sieht man die lineare Vorgehensweise, vor allem auch in der Armbeuge mit dem Strich Krapplack. Das Weiß des Grundes scheint durch die dünnen Farbschichten und läßt die Farben aufleuchten. Einige gekritzelte Kohlelinien auf dem linken Arm wurden verrieben.

Mit dem Pinsel zeichnen

Für viele bedeutet Zeichnen, mit dem Bleistift oder mit Tusche und Feder zu zeichnen. Doch der Pinsel wurde seit dem Mittelalter auch als Zeichen- und Malinstrument benutzt. Mit dem Pinsel lassen sich auf- und abschwellende Linien schaffen, die ganz verschiedene Übergänge und Verbindungen beschreiben können. Oft fängt man ein Bild mit einer Vorzeichnung an, die von den folgenden Farbschichten später völlig überdeckt wird. Wenn man mit lockeren, gebrochenen Farben arbeitet, verliert man leicht den Überblick im Bild. Dann sollte man die Vorzeichnung noch einmal mit dem Pinsel nachzeichnen. Die Linien können später abgeschwächt oder in die Komposition einbezogen werden.

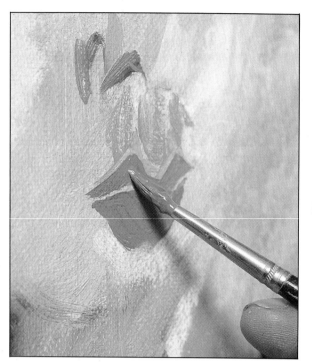

5 *Links*: Eine Mischung aus Krapplack und Fleischfarbe verstärkte die vollen, plastischen Lippen. Die Künstlerin liebt den Kontrast von dünnen und dicken Farbschichten und setzte das Mittel zur Betonung der Lippen ein.

6 *Oben*: Der Ausschnitt zeigt, wie die dünne Farbe die Leinwandtextur durchscheinen läßt, und macht die fast kalligraphische Linienführung der Künstlerin sichtbar.

Was die Künstlerin brauchte

Für diese Ölskizze wurde eine 91,4 x 61 cm große Tafel mit feiner Leinwand verwendet. Das ist ein billiger Malgrund, der mit einer Grundierung für Öl oder Acryl gekauft werden kann. Die Farben waren Kadmiumgelb, Neapelgelb, Lichter Ocker, Fleischfarbe, Payne's Grau, Kadmiumrot, Coelinblau, Krapplack hell und Umbra natur. Als Pinsel wurden Borstenrund- und Flachpinsel Nr. 2 und 5 sowie ein langstieliger Marderhaarpinsel Nr. 3 verwendet.

Michael

7 *Links*: Die Lichter im Haar wurden mit reichlich Magenta angelegt. Die Pinselspuren haben eine dekorative, kalligraphische und gleichzeitig beschreibende Qualität.
Rechts: Im fertigen Bild sieht man, wie dünne Lavierungen der Ölfarbe für eine rasche Skizze verwendet werden können, die ebenso eine genaue Wiedergabe der Person ist wie eine expressive Reaktion auf die Persönlichkeit des Modells.

EINE FAMILIENGRUPPE

Dieses Ölbild wurde als Studie für einen größeren Porträtauftrag gemacht. Der Künstler besuchte zunächst die zu porträtierenden Personen zu Hause, sprach mit ihnen über ihre Vorstellungen und stellte dann seine künstlerische Idee vor. Meist macht er in dieser Phase mehrere Skizzen und Fotografien. In diesem Fall fand er bald heraus, daß die Familie am besten auf dem Balkon wirkte. Er bat sie zu sitzen und machte sich einige Notizen zur Komposition. Im Atelier fertigte er darauf die abgebildete Bleistiftzeichnung an, die in Absprache mit der Familie noch verändert wurde.

1 *Rechts*: Der Künstler arbeitete sowohl nach dem Leben als auch nach Fotos und Skizzen.

Das Porträt ist sehr groß, und die Fertigstellung nahm einige Monate in Anspruch. In dieser Zeit hätte der Künstler die Familie nicht ständig sitzen lassen können. Deshalb entwickelte er eine Methode, die die verlangte Ähnlichkeit der Personen versprach und ihm genügend Zeit gab, die Komposition für die jeweiligen Modelle auszuarbeiten. In der Zeichnung ist der junge Mann rechts weiter vom Rest der Gruppe entfernt als auf dem Foto und lehnt seinen Arm auf die Bank. In der Ölstudie ist er näher an der Gruppe und stützt seine Hand auf den Sitz.

Die Technik des Künstlers unterscheidet sich sehr von den bisher gezeigten Studien. Seine Malerei entwickelt sich aus mehreren sorgfältig kontrollierten Lasuren. Die Farben wurden mit Wingel versetzt, um besser zu fließen und schneller zu trocknen. Er ließ jede Malschicht trocknen, bevor er die nächste auftrug. Die Technik erinnert an Aquarellmalerei, mit Schichten sich überlappender Lavierungen. Das Weiß des Grundes scheint an mehreren Stellen durch das Bild und stellt Sonnenlicht auf dem Haar, auf der Kleidung und auf dem Boden dar.

Die Komposition ist kompliziert. Gruppenstudien konfrontieren den Künstler mit interessanten Winkeln und Formen. Die Zwischenräume zwischen den Figuren und um sie herum verleihen dem Motiv ein weiteres Kompositionselement. In dieser Gruppe bilden das linke übergeschlagene Bein des Vaters und das linke Bein wie auch der linke Arm des jungen Mannes diagonale Akzente, die die vorherrschende vertikale Ordnung der Komposition aufbrechen und ausbalancieren.

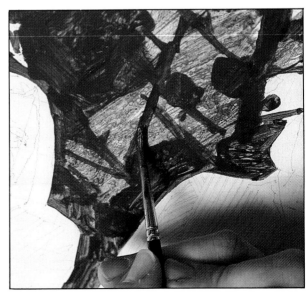

2 *Mitte links*: Zuerst wurde mit einem 2B-Bleistift auf einem Zeichenkarton ein detaillierter Entwurf gemacht. Dieser wurde dann mittels eines Gitternetzes mit einem 2B-Bleistift auf die Hartfaserplatte übertragen.

3 *Unten links*: Das Laub wurde mit verdünntem Saftgrün und Elfenbeinschwarz einskizziert. Die Zugabe von Wingel verkürzte die Trockenzeit. Nach dem Trocknen wurde die gleiche Fläche noch einmal mit intensiveren Farben übermalt.

4 *Rechts*: Der Künstler arbeitete in dieser Technik weiter und ließ jede Schicht gut trocknen, bevor er die nächste auftrug.

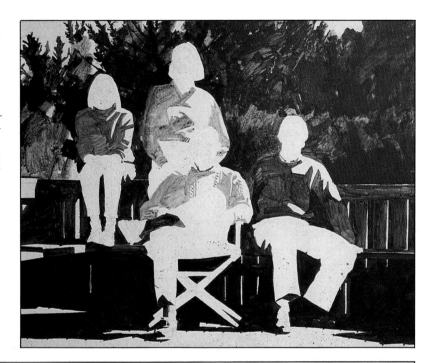

Gitternetz

Gitternetze helfen dabei, Zeichnungen oder Bilder in derselben Größe oder kleiner bzw. größer zu reproduzieren. In den Abbildungen rechts sieht man, wie der Maler ein Foto mit einem Gitternetz versah. Er verwendete eine transparente Zeichenfolie, auf der er ein Netz von zentimetergroßen Quadraten zog. Die Zeichenunterlage mußte die gleiche Proportion wie das Foto haben. Dann legte er das gleiche Netz über den Zeichenkarton und übertrug das Motiv Quadrat für Quadrat auf die neue Unterlage.

91

5 *Oben*: Die streifigen, geträufelten Effekte sind nur auf einem glatten Malgrund zu erreichen. Der Künstler malte hier mit Ultramarinblau und Payne's Grau die Schatten auf einem Hosenbein ein.

6 *Oben rechts*: Das Gesicht wurde mit Weiß und Siena gebrannt modelliert, wobei Umbra natur für die tiefen Schatten unter dem Kinn und um die Augen verwendet wurde. Die Details malte der Künstler mit einem kleinen Marderhaarpinsel.

7 *Oben*: Das Bild baute sich langsam auf, indem der Künstler immer wieder die Komposition überarbeitete und mit seinen Vorlagen verglich. In dieser Phase setzte er Details wie Schuhe und Stühle ein. Die Farbschicht ist sehr dünn gehalten.

8 *Oben*: Für den Himmel wurde Coelinblau mit Weiß gemischt. Hier trug der Maler mit einem feinen Pinsel diese Farbe um das Laub herum auf. Indem er in die Zweige hineinmalte, erzielte er den gewünschten, scharf konturierten Effekt. Er behandelte die negativen Zwischenräume des Hintergrundes wie positive Flächen und machte so die Zeichnung noch genauer.

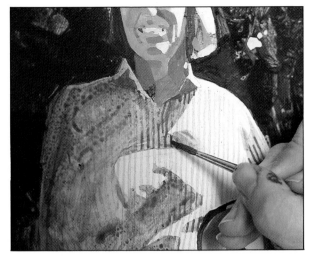

9 *Links*: Mit Payne's Grau wurden die Streifen der Bluse in den Schatten vertieft, allerdings nur an einigen Stellen. Den Rest muß der Betrachter beim Sehen selbst vervollständigen. Der Künstler versorgte den Betrachter in vielerlei Hinsicht nur mit Hinweisen. Hätte er alles minuziös ausgemalt, wäre das Bild vollkommen unrealistisch.

Was der Künstler brauchte

Die 61 x 73,7 cm große Hartfaserplatte wurde mit einem 1:1-Gemisch von Dispersionsfarbe und -binder behandelt. Die Farbskala umfaßte Weiß, Saftgrün, Elfenbeinschwarz, Payne's Grau, Siena gebrannt und Umbra natur, dazu 2B-Bleistift, Schweineborstenpinsel Nr. 5 und ein kleiner Marderhaarpinsel.

Eine Familiengruppe

SELBSTPORTRÄT

Oft ist der Künstler sein bestes Modell. Kein anderes Modell ist so geduldig, leicht verfügbar und billig. Die meisten großen Künstler haben Selbstporträts gemalt; an denen Rembrandts läßt sich etwa seine Entwicklung als Mensch wie als Künstler wunderbar ablesen.

Das Sitzen für ein Selbstporträt will gelernt sein. Man sollte sich im Spiegel ohne Drehen oder Strecken bequem anschauen können. Der Blick vom Spiegel zur Leinwand sollte lediglich durch eine Verschiebung des Blicks, nicht des ganzen Körpers, erfolgen. Sorgen Sie für eine angemessene Lichtquelle. Das Licht sollte zum Sehen ausreichen, aber auch das Gesicht gut herausbringen. Achten Sie darauf, daß Sie alle Materialien leicht erreichen können. Vergessen Sie nicht, die Stellung der Staffelei, des Spiegels und Ihrer Füße zu markieren, damit Sie die Position jederzeit wieder einnehmen können.

Der Künstler begann mit einer ziemlich genauen Vorzeichnung in Kohle. Er verwendete die Zeichnung, um Details der Komposition wie die Verteilung der Tonwerte auszuarbeiten. Das Vorgehen hier war einfach und direkt. Der Künstler malte, was er sah, und konzentrierte sich dabei auf Tonwerte und Formen.

Ein Problem beim Porträtmalen ist das Ausmischen der Fleischtöne. Studieren Sie dafür das Modell unter verschiedenen Beleuchtungen. Fleischtöne variieren auch bei ähnlichen Hauttypen sehr stark. Einige Maler haben dafür ein Mischrezept, und auch Sie werden Ihre spezielle Mischung finden. Trotzdem sollte man nicht gleich auf solche Formeln zurückgreifen, sondern statt dessen das Modell genauer ansehen. Die im Handel erhältlichen Fleischtöne variieren von hellem Lachsrosa bis zu einem rosafarbenen Ockerton. Man kann sie als Ergänzung benutzen, doch sollte man sie im allgemeinen lieber vermeiden.

Arbeiten Sie kühle Farben in die schattigen Stellen und warme Farben in die beleuchteten Stellen ein, zum Beispiel bei Wangen, Stirn und Nase. Tragen Sie die Farbe leicht und frei auf und arbeiten Sie Naß in Naß. Ein zu dicht gemaltes Porträt wirkt tot. Haut muß frisch und lebendig aussehen. Denken Sie daran, das Gesicht als abstraktes Objekt aufzufassen, nicht als ein Gesicht, das Sie gut kennen und von dem Sie ein fotografisches Abbild machen wollen.

1 *Rechts*: Der Künstler stellte seine Staffelei so auf, daß er sich selbst im Spiegel sah. Sonnenlicht fiel durchs Fenster, doch er entschied sich, die Läden zu schließen und mit künstlichem Licht zu arbeiten.

Kohle ausprobieren
Zeichenkohle ist ein nützliches Mittel, um die Vorzeichnung festzulegen. Kohle spricht gut an und gibt eine geschmeidige Linie, kann aber auch in großen Flächen einschraffiert werden. Außerdem kann man sie leicht mit einem Lappen entfernen oder mit einem Knetgummi aufhellen. Man kann also jederzeit korrigierend eingreifen. Mit Kohle lassen sich durch Linien, Flächen, Vermalen oder Radieren eine Vielzahl von Tonwerten und Texturen schaffen.

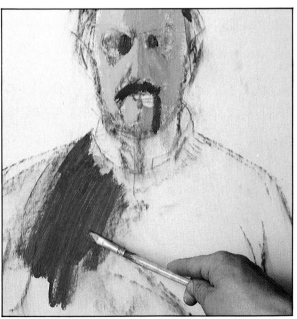

2 *Oben*: Die Vorzeichnung wurde mit einem Stück Kohle ausgeführt, mit der eine Vielzahl von Linien geschaffen werden können. Mit einem stumpfen Ende bzw. mit der breiten Seite wurden breite Flächen in mittleren Tonwerten angelegt. Bricht man Kohle entzwei, erhält man scharfe Kanten, mit denen man dünne schwarze Linien ziehen kann.

3 *Oben rechts*: Der überschüssige Kohlenstaub wurde mit einem weichen Staubpinsel entfernt. Breite Farbflächen am Kopf wurden mit Siena gebrannt und Weiß angelegt. Ein wenig Ultramarinblau wurde den dunkleren Tönen, Kadmiumrot den helleren zugefügt.

4 *Rechts*: Breite Striche in Umbra natur geben die tiefen Schatten der Augenhöhlen, von Haar und Schnurrbart wieder. Der Künstler begann, den Pullover in Ultramarinblau zu malen.

5 *Oben*: Nachdem die hellsten und die dunkelsten Tonwerte angelegt waren, begann der Künstler mit den mittleren Werten. Er mischte dazu Umbra natur mit Weiß für die helleren Partien in den Schatten. Mit Weiß gemischte Fleischtöne geben die helleren Töne auf der Gesichtshälfte wieder, die das Licht einfängt.

6 *Oben*: Der Hintergrund wurde in groben Strichen mit einer Mischung aus Siena natur und Weiß eingemalt. Farben werden durch die sie umgebenden Farben beeinflußt. Daher üben die blauen und ockerfarbenen Töne des Hintergrundes einen wichtigen Einfluß auf die Gesichtsfarben aus.

7 *Links*: Der Künstler betrachtete sein Porträt noch einmal mit halb geschlossenen Augen. Das erleichterte das Sehen der subtilen Tonwertnuancen an den Stellen des Gesichts, auf die das Licht fiel.

Selbstporträt

Was der Künstler brauchte

Folgende Farben wurden benutzt: Weiß, Kadmiumrot, Coelinblau, Ultramarinblau, Siena gebrannt, Siena natur und Umbra natur. Für die Vorzeichnung nahm der Künstler Zeichenkohle. Als Pinsel wurden ein Rundpinsel Nr. 10 und ein Flachpinsel Nr. 12 gebraucht. Als Malgrund diente ein grundierter, 61 x 50,8 cm großer Leinwandkarton.

TONY

Das Modell in dieser Übung ist wesentlich kräftiger gebaut als *Michael* (s. S. 86–89). In beiden Bildern reflektiert aber die Maltechnik die Persönlichkeit der Modelle.

Für die Komposition entschloß sich die Künstlerin, das Bildformat an allen vier Seiten vom Motiv sprengen zu lassen. Dadurch entsteht eine Raumwirkung, die über das Bild hinausweist, und gleichzeitig wird ein Gefühl von Energie vermittelt, mit der sich das Modell seinen Weg aus dem Bild zu bahnen scheint. Durch die Konzentration auf einen Teil des Modells durchbricht die Künstlerin die Grenzen des Bildes und läßt ein herkömmliches Motiv in ganz neuem Licht erscheinen. Man könnte die Umrisse leicht ergänzen. Doch läßt uns gerade diese beschnittene Form das Gewöhnliche ganz neu sehen. Die Bildfläche wird dadurch in ein Muster geometrischer, jedoch organischer Formen aufgeteilt. Die Flächen zwischen Modell und Bildbegrenzung werden wichtige Bildstellen. Trotz der ruhigen Pose wird eine latente Spannung vermittelt.

Als Malgrund diente eine Hartfaserplatte, die mit Musselin bespannt und geleimt wurde. Die goldbraune Farbe der Hartfaserplatte, die durch den Musselin hindurchschimmerte, gab einen mittleren Tonwert vor.

Zuerst wurde der Umriß der Figur vorgezeichnet und dann der Hintergrund angelegt und so von Anfang an die abstrakte Qualität des Bildes betont. Dann malte die Künstlerin den Rumpf mit einer Fleischfarbe aus Lichtem Ocker, Magenta und Neapelgelb ein und bedeckte den Stoff des Malgrundes völlig mit der recht flüssigen Farbe. Beim Arbeiten Naß in Naß ist es schwer, eine neue Farbe einzuführen. Daher ließ sie die erste Malschicht vor dem Weitermalen gründlich trocknen.

Die Tonwerte ähneln sehr denen im Bild von Michael, wo die Künstlerin die Formen aus den Farben entstehen ließ: kühles Blau für schattige Flächen, warmer Ocker für mittlere Töne und warmes Rosa für lichtbetonte Stellen. Alle Mischungen hatten starke Weißanteile. Sie arbeitete Lichthöhungen ein und baute helle Tonwerte gegen dunkle auf. Die pastose Farbe unterstützte die Formgebung.

An diesem Porträt reizten die Malerin die abstrakten Flächen und inneren Rhythmen. Der Malprozeß zeigt, daß es nicht so sehr um die genaue Darstellung des Modells ging, sondern vielmehr um das Malen selbst.

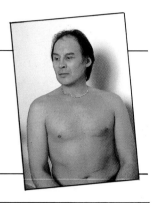

1 *Rechts*: Der massige, plastische Körper des Modells reizte die Künstlerin. Diese Eigenschaft wollte sie herausarbeiten. Aber auch die von dem Mann ausgehende Ruhe beeinflußte die Arbeit.

Eine mit Musselin bezogene Maltafel verwenden

Die Qualität der verwendeten Malfläche beeinflußt auch den Farbauftrag. Man kann daher eine Malfläche für einen ganz bestimmten Farbeffekt wählen. Zum anderen zwingt die Verwendung eines neuen Malträgers zu neuem Arbeiten. Über eine Hartfaserplatte wurde ein Stück Musselin gespannt und mit einem Warmleim bestrichen, der den Stoff fixierte und versiegelte. Der Leim braucht ungefähr einen Tag zum Trocknen, bevor man darauf malen kann.

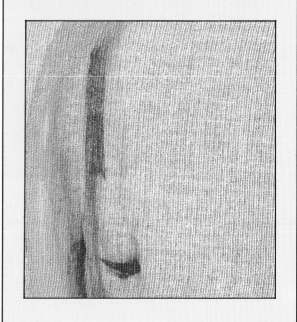

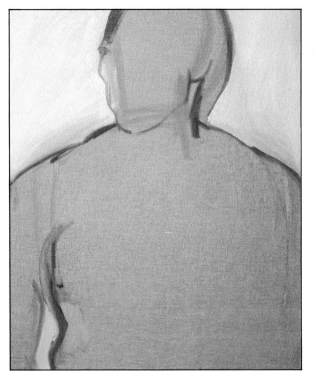

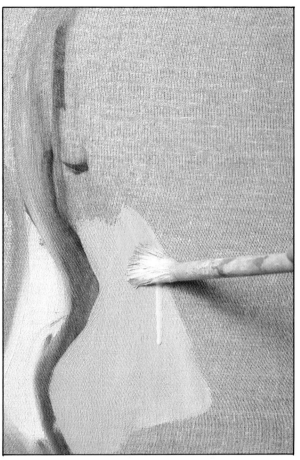

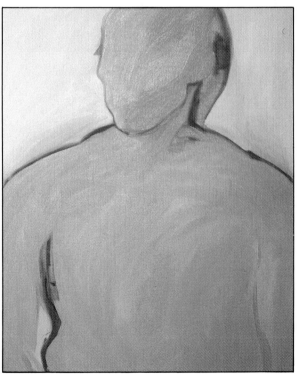

2 *Oben links*: Die Rahmung der Figur ist ein wichtiger Aspekt der Komposition. Mit flüssiger schwarzer Farbe zeichnete die Malerin zunächst die groben Umrisse der Figur ein, wobei die Figur an allen vier Seiten das Bildformat überschreitet.

4 *Links*: Subtile Tonwertnuancen schaffen die Formen. Die Künstlerin vermied kräftige Hell-Dunkel-Kontraste und ließ statt dessen Formen durch Farbe entstehen. Hier wird die abstrakte Zielsetzung der Malerin deutlich. Man vergleiche dagegen dieses Bild mit den frühen Stufen von Michael auf S. 86/87.

3 *Oben*: Der Rumpf wurde in Lichtem Ocker, Magenta und Neapelgelb skizziert. Das feine Gewebe des stark geleimten Stoffes füllte sich schnell, da die Farbe mit Terpentin verdünnt war. Während die Farbe trocknete, durfte das Modell etwas ausruhen.

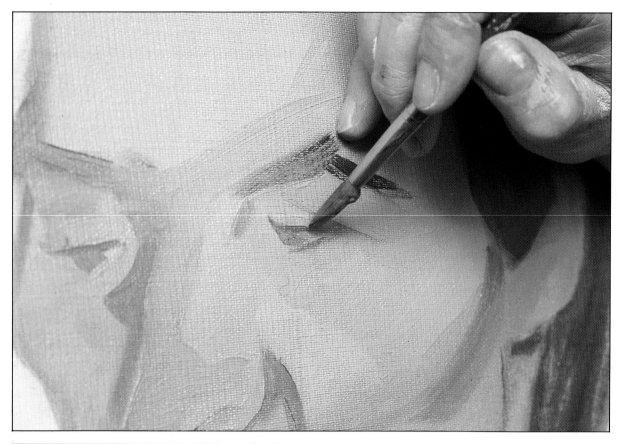

5 *Oben*: Die Gesichtszüge wurden mit Linien und Farblasuren wiedergegeben.

6 *Links*: Der Ausschnitt zeigt, wie der dünne Farbauftrag den Stoff durchscheinen läßt und der Malfläche zusätzliche Textur verleiht.

7 *Unten*: Die Künstlerin malte mit einer pastosen Mischung aus Lichtem Ocker und Weiß in den Hintergrund, um den Schattenwurf an der Rückwand anzudeuten.

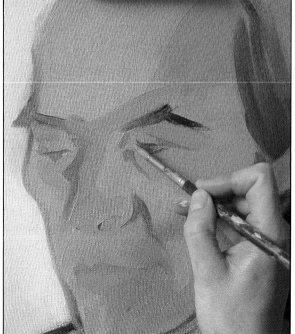

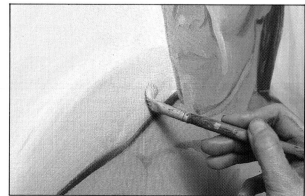

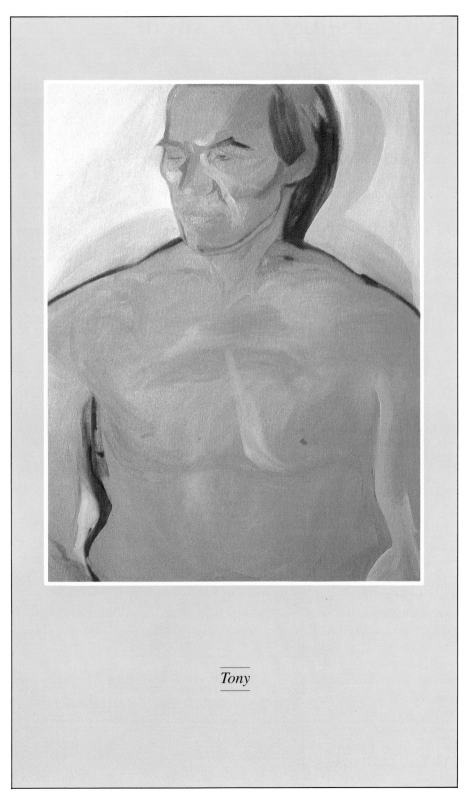

Tony

Was die Künstlerin brauchte

Die Palette bestand aus Coelinblau, Lichtem Ocker, Umbra natur, Magenta und Neapelgelb. Die Grautöne wurden aus diesen Ausgangsfarben gemischt. Verwendet wurden auch Leinöl, Terpentinersatz, ein Borstenrundpinsel Nr. 4, ein Flachpinsel Nr. 10 und ein kleiner Marderhaarpinsel Nr. 5. Als Malgrund diente eine 76,2 x 61 cm große Hartfaserplatte, auf die Musselin aufgeleimt wurde.

PORTRÄT EINES JUNGEN MÄDCHENS

In dieser Übung wollte der Künstler vor allem das Spiel von Licht und Schatten auf dem Gesicht des Mädchens darstellen und zeigen, wie die Formen dadurch beschrieben und in abstrakte Muster zerlegt werden. Gleichzeitig versuchte er, eine große Ähnlichkeit mit dem Modell zu erzielen. Malen und Zeichnen nach dem Leben gehören zu den Traditionen, die sich in der Bildenden Kunst bestens bewährt haben. Ein Vorteil dabei ist, daß man genügend Zeit hat, Licht und Schatten zu studieren, wenn das Modell nur leicht die Position verändert. Einige Künstler mit guter Kenntnis von Form und Volumen arbeiten lieber nach Fotovorlagen. Ein flaches Bild ist jedoch leblos und gibt nur einen Bruchteil der Informationen wieder, wie sie am lebenden Modell gewonnen werden können.

Die Vorzeichnung wurde in Kohle angelegt, die leicht auszuradieren ist. Nehmen Sie sich für die Zeichnung genug Zeit und machen Sie in dieser Phase die nötigen Korrekturen. Bei fortschreitender Arbeit wird es immer schwieriger, Veränderungen anzubringen. Es braucht eine starke Persönlichkeit, Zeichen- bzw. Kompositionsfehler nach Stunden konzentrierter Arbeit zu erkennen und zu ändern. Betrachten Sie Ihre Vorzeichnung also genau und achten Sie darauf, daß die Komposition ausgewogen ist.

In die groben Umrisse des Bildes kann man die Lokalfarben einsetzen. Wichtig ist, die ganze Leinwand, auch den Hintergrund, mit Farbe zu bedecken. Das gibt einen besseren Anhaltspunkt für die einzusetzenden Farben. Ein Farbton auf einer weißen Leinwand hat keine Ähnlichkeit mit der gleichen Farbe im fertigen Bild. Beachten Sie, wie der Künstler verschiedene Töne einer Farbe verwendete, um bereits in diesem frühen Stadium Lichter und Schatten auf dem Haar und der Kleidung anzulegen. Bevor er die Farbe auftrug, verglich er sie mit der Lokalfarbe im Gesicht des Mädchens. Die andere Möglichkeit wäre, einen Farbton anzulegen und entsprechend aufzuhellen oder abzudunkeln. Um eine Farbe genau einschätzen zu können, braucht man jedoch einige Erfahrung.

Der Künstler trug rasch die wichtigsten Farben auf und arbeitete gleichzeitig im Hintergrund, am Haar, der Bluse und an den Fleischtönen. Denken Sie bei der Arbeit an die Tonwertnuancen. Das Weiß der Bluse ist nicht überall gleich; in den Falten und am Oberarm ist es dunkler.

1 *Rechts*: Der Künstler experimentierte mit verschiedenen Lichtquellen und wählte eine künstliche, die tiefe Schatten auf die rechte Seite des Gesichts warf.

2 *Links*: Mit verdünntem Ultramarinblau entwickelte der Künstler eine monochrome Untermalung. Die Formen ließen sich mit nur einer Farbe wiedergeben, da man zwischen Lichtern, Schatten und Zwischentönen genau unterscheiden kann. Das Bild ähnelt einer Schwarzweiß-Fotografie. Das kühle Blau gibt einen ausgezeichneten Hintergrund für die warmen Fleischtöne ab.

3 *Oben*: Der Künstler legte nun weitere Farben an. Er arbeitete langsam und mit verdünnter Farbe, um zunächst Farben und Tonwerte zu analysieren. In dieser Phase sollte man sich Zeit nehmen, das Modell genau zu betrachten.

4 *Rechts*: Nun wurde dickere Farbe verwendet, um Impastos aufzubauen und die Farben zugleich frisch zu halten. Der Künstler mischte jede Farbe auf der Palette aus und verglich sie im Tonwert mit dem Modell.

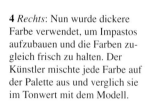

Abdämpfen
Damit ist das Auftragen einer dünnen Schicht Farbe auf eine bereits bestehende trockene gemeint, so daß ein neuer, dritter Farbton entsteht. Der zweite Auftrag ist deckend und nicht transparent wie bei einer Lasur. Der daraus resultierende Effekt ist immer neu und aufregend.

5 *Oben*: Das Motiv wurde nur in Hinsicht auf Tonwert und Farbe gesehen. Der Künstler malte also zunächst kein Auge, sondern nur die Facetten reflektierten Lichts, die wir als ›Auge‹ wahrnehmen.

6 *Rechts*: Auf ähnliche Weise gab er die Lippen wieder. Die Unterlippe fängt das Licht und erscheint daher heller; die Oberlippe ist auf der linken Seite dunkel, auf der rechten hell.

7 *Links*: Mit einem kleinen Haushaltspinsel malte der Künstler den Hintergrund und die Bluse. In das Weiß setzte er noch kleine Tupfen anderer Farben. Die kräftigen Pinselstriche geben die Falten und Rüschen der Bluse wieder.

8 *Oben*: Im letzten Ausschnitt sieht man die Vielfalt der Farbaufträge – von dünnen abdämpfenden Farbschichten, durch die die Untermalung zu sehen ist, bis hin zu Impastostellen, die die Textur der Malfläche ganz zudecken.

Was der Künstler brauchte

Seine Palette umfaßte Bleiweiß, Kadmiumgelb, Kad-
miumrot, Chromorange,
Alizarin, Lichten Ocker,
Siena natur, Siena gebrannt,
Ultramarinblau, Chromoxidgrün feurig und Schwarz. Der
Malgrund war eine grundierte, 91,4 x 71,1 cm große Leinwandtafel mit einer rauhen
Textur. Außerdem gebrauchte
er Zeichenkohle für die Vorzeichnung und eine Vielzahl
von Pinseln.

Porträt eines jungen Mädchens

ACHTES KAPITEL

STILLEBEN

Seit jeher erschienen Stilleben als Kompositionsteile, in den Gräbern des Alten Ägypten, auf griechischen Vasen und auf den Wänden von Pompeji. Doch erst im 17. Jahrhundert wurde das Stilleben in den Werken der holländischen Maler zu einer eigenständigen Gattung. Die in dieser Zeit in Nordeuropa aufkommende Reformation begann, das religiöse und gesellschaftliche Leben zu verwandeln. Die Kirche verlor zunehmend ihre Bedeutung als Auftraggeber der Künstler, die sich vermehrt weltlichen Themen zuwandten. Ironischerweise versteckten sich gerade in den Stilleben symbolische und religiöse Bedeutungen.

Jeder Gegenstand und jede Gruppe von Gegenständen, die aus ihrem natürlichen Kontext entfernt wurden, kann als Motiv eines Stillebens dienen. Die einzelnen Kompositionselemente können beliebig ausgewählt und umgestellt werden, bevor der Künstler zu Pinsel und Leinwand greift. Material für mögliche Motive gibt es überall: Stöcke und Steine, Blumen, Früchte, Küchengeräte oder sogar der Gemüsekorb. All diese Dinge sind brauchbar und können zu schönen Kompositionen zusammengestellt werden. Falls Sie interessante Dinge sammeln, haben Sie immer Material für Stilleben zur Hand.

Beim Aufstellen eines Stillebens sollte man sich allerdings ein Thema überlegen, das auch Textur, Farbe oder Form sein kann. So ist zum Beispiel ein Stilleben in verwandten Farben als Thema einer monochromen Komposition denkbar, um zu lernen, Tonwerte abzustimmen. Eine andere Möglichkeit ist die Zusammenstellung von Texturkontrasten wie glatte gegen rauhe Oberflächen.

STILLEBEN MIT MELONE

Für dieses farbenfrohe, prächtige Stilleben suchte der Maler Früchte und Gemüse aus der Küche: eine Melone, Tomaten, eine Zwiebel und eine grüne Paprika. Das komplementäre helle Grün und Rot der Paprika und der Tomaten verstärken sich gegenseitig. Die matte Farbe der Melone wird von gleichmäßigen dunkelgrünen Linien durchzogen und in Segmente geteilt, die von der glatten, goldenen Oberfläche der Zwiebel aufgenommen werden.

Zuerst legte der Künstler mit verdünnter Farbe die Lokalfarben der verschiedenen Dinge an und baute dann mit pastosen Zügen weitere Farbschichten auf. Mit einem Bleistift wurden die Rundungen wiedergegeben, mit einem Palettmesser die eckigen Formen. Die Untermalung unterstützt die nachfolgenden Malschichten.

In diesem Bild sind die Schatten ein wichtiges Kompositionselement. Daher verwendete der Künstler hier nicht einfach Schwarz und Weiß, sondern warme und kühle Grautöne. Mit Schatten und Halbtönen lassen sich Bilder durchaus beleben. Man kann zum Beispiel die komplementäre Farbe oder einen anderen angrenzenden Farbton neben den Halbton setzen.

Die Formen wurden aus der Farbe herausgearbeitet, warmes Weiß bezeichnet die horizontalen, kühles Weiß die vertikalen Formen. Lichter sind für die Formgebung wichtig, wobei die dunkelsten Stellen die Rundungen nach unten sind. Die oberste Stelle der Tomate reflektierte am meisten Licht und wurde daher in einem warmen Rot wiedergegeben. Die abfallenden Seiten der Tomate erhielten dagegen ein kühles Rot. Die vom Licht abgewandten Seiten wurden in einem komplementären Grünton gesetzt. Durch das von hinten kommende Licht heben sich die oberen Teile des Gemüses deutlich vom Weiß des Hintergrundes ab. Durch das Spiel von Licht und Schatten auf den Gegenständen entfaltet das Bild seine komplexe Bildwirkung.

Die Malweise in diesem Bild steht in krassem Gegensatz zu der in der vorherigen Übung. Hier baute der Künstler dicke Impastos auf dünnere Farbschichten auf. Die Farbe wurde mit allen möglichen Hilfsmitteln aufgetragen, mit Pinseln, einem Palettmesser und selbst mit den Daumen.

1 *Rechts*: Die Gegenstände in diesem Stilleben wurden wegen ihrer komplementären Farben und interessanten Oberflächen ausgesucht.

Farbe mit den Fingern vermischen

Farben lassen sich auch sehr gut mit den Fingern vermischen. Man trägt sie mit dem Pinsel (oder gleich mit dem Finger) auf und verreibt sie dann mit einem oder mehreren Fingern auf der Leinwand. Viele Ölmaler seit Tizian haben Farben auf diese Weise ins Bild gesetzt. Um einen bestimmten Effekt zu erzielen, sind alle Mittel recht.

2 *Mitte links*: Der Künstler legte die Formen und Lokalfarben der Früchte und des Gemüses mit verdünnter Farbe an.

3 *Links*: Der Ausschnitt zeigt, wie der Künstler die Zwiebel mit kühlen Farbtönen für die lichtabgewandten Seiten und mit Impastos für die obere Seite aufbaute. Die dunkelgraue Linie mit dem Sgraffito auf der Zwiebel stammt von einem Bleistift, der über die noch feuchte Farbe gezogen wurde.

4 *Oben*: Mit dem Palettmesser wurden dicke Impastos aufgetragen. Die frischen Farben wurden rasch angelegt und kurz verstrichen, aber nicht vollständig vermalt. Auch die dicken grünen Linien der Melonenteile wurden mit dem Palettmesser ›gezogen‹.

5 *Rechts*: Mit der flachen Klinge des Palettmessers (oder Malspachtels) wurde Farbe auf die Malfläche gestrichen. Ein Malspachtel ist ein vielseitiges Werkzeug. In unsensiblen Händen können Spachteleffekte allerdings mechanisch wirken.

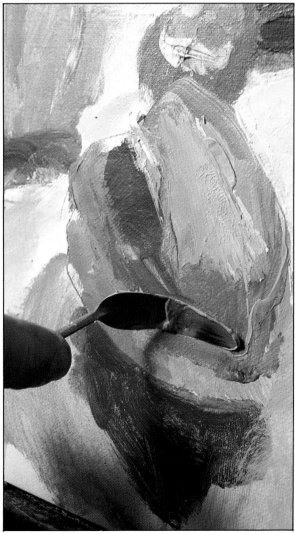

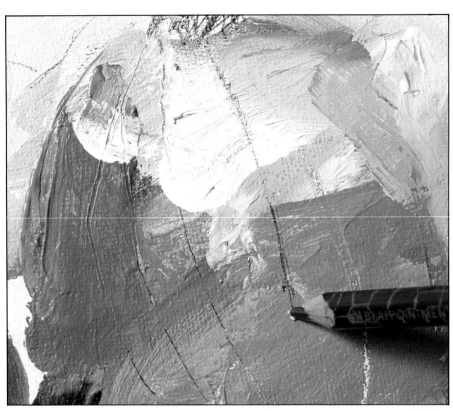

6 *Links*: Die Linien in der Zwiebelhaut wurden mit dem Bleistift gegeben.

7 *Unten*: Der Künstler trug Farbe direkt aus der Tube auf und verwendete dann den Spachtel, um die Falten des Tuches im Vordergrund wiederzugeben.

8 *Oben*: Details wie das Markenzeichen mit dem farbigen Band wurden eingefügt. Dann wurden die Tomaten gemalt, die schattigen Stellen vermalt und Lichter auf die oberen Teile gesetzt.

9 *Rechts*: Der Künstler baute das Bild weiter auf, indem er die Farbe mit dem Spachtel leicht tupfend auftrug, um darunterliegende Farbschichten nicht zu verletzen. Dadurch vermied er auch eine ›totgemalte‹ Oberfläche.

Stilleben mit Melone

Was der Künstler brauchte

Er verwendete Lichten Ocker, Weiß, Payne's Grau, Kadmiumgelb hell, Kadmiumrot, Chromoxidgrün feurig, Alizarin Krapplack und Saftgrün. Er malte mit rundem Schweineborstenpinsel Nr. 12, Palettmesser, Bleistift und verrieb einige Farbstellen mit dem Finger. Als Malfläche diente eine grundierte, 50,8 x 61 cm große Leinwandtafel.

TEEDOSE AUF EINEM FENSTERBRETT

Stilleben bieten unendlich variable Motive. Material dazu finden Sie in jedem Haus. Alle Gegenstände sind rasch zur Hand und können beliebig umgestellt werden – im Gegensatz zur Landschafts- oder Figurenmalerei. Man kann die Gegenstände täglich aufs Neue zu den gleichen Bedingungen zusammenstellen, das Arrangement und die Wahl der Objekte liegen dabei ganz bei Ihnen.

Beschränken Sie sich bei der Auswahl der Objekte nicht auf die häufig vorkommenden Flaschen und Stoffe. Hier wählte der Künstler eine Teedose, deren plastische Formen und dekoratives Blau er bildwürdig fand. Das Blau der Dose wird im Bild von einer kleinen, gleichfarbigen Schale aufgegriffen. Vielleicht achten Sie beim Aufstellen eines Stillebens einmal auf solche Farbreihen, etwa eine Reihe von Blautönen oder Komplementärfarben. Als Gegengewicht für die geschwungenen Linien der Dose und der Schale diente dem Künstler das Fenster. Die Vertikale und Horizontale des Fensterrahmens und -bretts kontrastieren schön mit den ovalen Formen der Gegenstände, die genau im Kreuzungswinkel der Linien stehen. Alle Elemente sind sehr deutlich mit exakten Umrissen wiedergegeben und heben sich klar von dem kühlen Hintergrund ab. Durch das Fenster bietet ein Blick in die Landschaft einen weiteren weichen, ausgleichenden Kontrast.

Der Künstler arbeitete auf einer sehr feinen Leinwand, die seiner langsamen, sorgfältigen Malweise entgegenkam. Schicht für Schicht wurde das Bild von allen Seiten gleichzeitig mit einem kleinen Marderhaarpinsel aufgebaut. Die Farbschichten sind so dünn, daß die Leinwand immer noch durchschimmert. Im Hintergrund übte er die Nutzung warmer und kühler Grautöne, während das durchs Fenster fallende Sonnenlicht ein zusätzliches Bildelement darstellt. Die Lichtflecken auf dem Fensterbrett und der Innenseite des Fensters lösen die Formen in Muster von Licht und Schatten auf. Einige Stellen werden so betont, andere zurückgenommen. Aber auch die Schatten wurden in die Komposition einbezogen. Sie schaffen eine neue Ebene und ziehen die Aufmerksamkeit an.

Bei einer solchen Technik ist der Pinselduktus unbedeutend. Vergleichen Sie einige Details dieses Bildes mit den expressiven Malweisen in anderen Beispielen. Sie werden sehen, wie kreativ man mit Ölfarbe umgehen kann.

1 *Rechts*: Das einfache Motiv bietet eine Studie in geometrischen Formen. Die ovalen Formen der Dose und der Schale kontrastieren mit den geraden Linien des Fensters.

2 *Unten*: Der Künstler legte mit verdünnter Farbe und einem weichen Marderhaarpinsel die großen Flächen des Bildes an.

3 *Links*: In der einfachen Komposition wurden die Hauptelemente frühzeitig angelegt. In dieser Phase ist die Farbe noch sehr dünn.

4 *Rechts*: Mit einer Mischung aus Ultramarinblau und ein wenig Weiß malte der Künstler die Blautöne der Teedose und der Schale. Für die dunkleren Töne des Fensterbretts und des Rahmens verwendete er Payne's Grau und Weiß. Die etwas dickere Farbe wurde nun mit einem Borstenpinsel aufgetragen.

Abdeckband verwenden

Im Ausschnitt rechts sieht man, wie der Künstler Abdeckband einsetzte, um Teile des Bildes abzudecken. So konnte er freizügig in eine bestimmte Fläche hineinmalen, ohne Angst haben zu müssen, andere Teile zu verschmutzen. Abdeckband läßt sich im Atelier vielseitig verwenden. Man kann damit Papier auf dem Zeichenbrett befestigen und es abziehen, ohne das Papier im Unterschied zu anderen Klebebändern zu beschädigen. Ein Streifen Abdeckband eignet sich auch dazu, in einem Bild eine gerade Linie zu ziehen.

5 *Links*: Der Künstler malte sorgfältig. Die Farbschichten bauten
sich nur langsam auf. Da die Farbe dünn aufgetragen wurde,
trocknete sie schnell, und man
konnte immer neue Schichten
auflegen. Für die Steinmauer
wurden Payne's Grau und Weiß,
für das Laub im Hintergrund
Chromoxidgrün und Weiß verwendet.

6 *Oben*: Der Ausschnitt zeigt, wie
sorgfältig der Maler arbeitete.
Mit einem sehr feinen Pinsel gab
er die haarfeinen Risse in den
Holzblenden des Fensters wieder.

7 *Unten*: Mit dem gleichen Pinsel malte er die Dekorationen auf
der Topfglasur in unverdünnter
Farbe auf.
Gegenüber: Der Realismus des
fertigen Bildes steht im Kontrast
zur kühlen, fast abstrakten Bildwirkung.

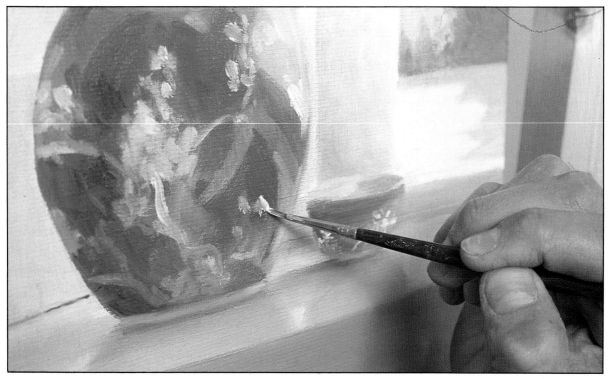

Teedose auf einem Fensterbrett

Was der Künstler brauchte

Als Malgrund diente eine kleine, 30,5 x 25,4 cm große Leinwand, die aufgezogen und grundiert gekauft wurde. Als Farben wurden Payne's Grau, Schwarz, Lichter Ocker, Preußischblau, Ultramarinblau und Kadmiumgelb hell benutzt. Außerdem arbeitete der Künstler mit einem kleinen Marderhaarpinsel und einem Rundpinsel Nr. 8.

STILLEBEN MIT SCHUSTERPALME (1)

Die intensiven, dunklen Farben des Motivs reizten den Künstler, diese Blumen zu malen. Er setzte die Objekte ins Zentrum des Bildes und arbeitete von innen nach außen. Da die Zeit knapp war, wollte er möglichst viel in einer Sitzung festlegen. Er arbeitete mit dem Malspachtel und legte die Farbe in einzelnen, kleinen Flecken an. Bei dieser Alla-Prima-Technik bringt man die Farbe direkt in einer Schicht auf die Leinwand, während man bei der klassischen Ölmalerei das Gemälde in mehreren Schichten und Lasuren aufbaut. Diese Technik erlaubt eine rasche Malweise. Man nimmt die Farbe ungemischt direkt aus der Tube und legt kleine Tupfen reiner Farbe nebeneinander. Jeder Farbtupfen hat eine bestimmte Form, und die erhabenen Stellen reflektieren und absorbieren das Licht ganz anders als eine gleichmäßige Fläche. Dadurch ergibt sich eine schillernde, bewegte Malfläche.

Die Verteilung der Tonwerte ist ein wichtiges Problem in jeder Komposition. Um helle und dunkle Flächen besser wahrzunehmen, sollte man das Bild auch mit halbgeschlossenen Augen ansehen. Die Gegenständlichkeit wird so zurückgenommen, und man sieht das Bild fast abstrakt. Einige Gemälde bestehen aus wenigen großen, hellen und dunklen Flächen, die den Eindruck von Ruhe vermitteln. In anderen wimmelt es von kleinen Elementen, die das Auge kreuz und quer über das Bild leiten.

Für dieses Bild wurde das natürliche Licht durch Schließen des Vorhangs zurückgedrängt und das Stilleben mit einem weichen künstlichen Licht aus einer Richtung beleuchtet. Der Maler sah es sich genau an, um die Tonwertnuancen festzustellen. Dann legte er die Farbe an, so daß nach und nach das Weiß der Leinwand bedeckt wurde und das Bild entstand. In regelmäßigen Abständen trat er von der Staffelei zurück, um die Wirkung zu überprüfen. Das ist gerade dann wichtig, wenn man mit gebrochenen Farben arbeitet, die sich erst im Auge mischen (optische Mischung). Das Bild beginnt sich erst in einiger Entfernung in den richtigen Farben zusammenzusetzen.

1 *Rechts*: Das Stilleben wird von den ausufernden Blättern der Topfpflanze dominiert, die von den kleinen, aber sehr farbigen Früchten darunter ausbalanciert wird.

2 *Rechts*: Der Künstler stand unter Zeitdruck, wollte aber dieses schöne Stilleben wiedergeben. Er skizzierte die groben Formen vor und begann, dicke Farbe mit dem Malspachtel aufzutragen.

Einen Spachtel einsetzen

Unten: *Mit einem Malspachtel kann man eine ganze Reihe von Zeichen und Spuren machen. Im ersten Bild wurde mit der flachen Klinge dicke Farbe auf die Leinwand gestrichen. Im zweiten Bild setzte der* Künstler den Spachtel mit der Seite zu graphischen Zeichen ein. Im letzten Bild wurde mit dem Spachtel Farbe von der Leinwand gekratzt. Die Sgraffitospuren wurden mit der Spitze der Klinge gemacht.

3 *Oben*: Mit einem langen, schmalen Malspachtel trug der Künstler Farbe auf. Er mischte die Farbe auf der Palette, wobei er die Farbtöne so gut wie möglich den Lokalfarben des Stillebens anzupassen suchte.

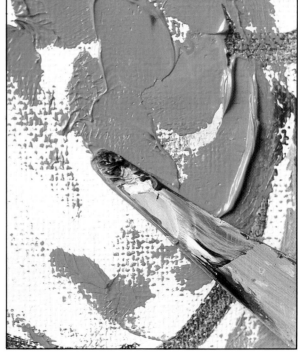

4 *Oben*: Mit der Klinge des Spachtels wurde Farbe auf die Malfläche geschmiert, was in der Malfläche interessante Ränder und Erhebungen hervorbrachte.

5 *Links*: Mit einem Malspachtel und der Alla-Prima-Technik aufgetragen, schlossen sich die kleinen Farbtupfen bald wie in einem Puzzle zu einem Bild zusammen.

6 *Oben*: Die komplementären Rot- und Grüntöne verstärken sich gegenseitig und lassen die Farben leuchten. Die aus der Tube kommende Farbe zeigt einen satten, glänzenden Schein.

7 *Unten links*: Die auf diese Weise aufgetragene Farbe hat eine plastische, taktile Wirkung.

8 *Unten*: Die körnige Textur der Leinwand sollte an einigen Stellen durch die pastosen Blumenkohlköpfe durchscheinen.

Was der Künstler brauchte

Die Vorzeichnung wurde mit einem kleinen Synthetikpinsel Nr. 8 ausgeführt. Dann arbeitete der Künstler mit einem Malspachtel. Als Farben nutzte er Kadmiumgelb hell, Kadmiumorange, Saftgrün, Chromoxidgrün stumpf, Karmesin, Kadmiumrot, Kobaltblau und Weiß. Malgrund war eine fertig grundierte, 45,7 x 35,5 cm große Leinwandtafel.

Stilleben mit Schusterpalme (1)

STILLEBEN MIT SCHUSTERPALME (2)

Dieses Bild unterscheidet sich sehr vom vorhergehenden des gleichen Motivs, das Alla Prima ausgeführt wurde. Der Künstler begann hier in der Malweise der Alten Meister. Früher fertigte man eine monochrome Untermalung an, um die grundlegenden Tonwerte des Bildes festzulegen. Danach wurde das Bild mit Farbschichten, Lasuren und Impastos bearbeitet.

In diesem Gemälde legte der Künstler mehrere Lasuren an, wobei er verschiedene Malmittel mit der Farbe mischte, um transparente Farbschichten zu schaffen. Ölfarbe eignet sich sehr gut für diese Malweise. Lasuren zeigen je nach Untermalung ganz verschiedene Wirkungen. Über einem monochromen Grund angelegt, können sie die Lokalfarbigkeit aufbauen. Infolge ihrer Transparenz vermögen sie die darunterliegenden Farbtöne, selbst dicke Impastos, in subtile Nuancen zu verwandeln. Ein Lasureffekt unterscheidet sich grundsätzlich von der üblichen Mischung zweier Farben auf der Palette. Der Farbton erhält ein gewisses inneres Leuchten, da Licht durch die transparenten Schichten fällt und von der deckenden Farbschicht darunter zurückgeworfen wird.

Für Lasuren muß die Farbe so stark verdünnt werden, daß die darunterliegenden Farbschichten durchscheinen können. Zudem muß jede Schicht gut trocknen, bevor die nächste aufgetragen wird. In dieser Übung wurde das Alkyd-Malmittel Liquin den Farben zugefügt, um sie flüssiger und transparenter zu machen. Auch der Trocknungsprozeß wird dadurch beschleunigt, und es läßt sich schneller weiterarbeiten. Ein anderes hier verwendetes Malmittel ist Oleopasto, das die Impastobildung der Farbe unterstützt.

Um die Lasurwirkungen voll auszuschöpfen, sollte man von Hell nach Dunkel arbeiten. Man beginnt mit den hellen Farben und legt dunklere Schichten darüber. Sehr dünne Lasuren erzielen schöne Nuancen. So kann man im Himmel einen leuchtenden Rosaton anlegen oder einen zu kräftigen Himmel abdämpfen.

Dieses Bild vermittelt einen Eindruck vom Reichtum und der Tiefe der Farbe, die man durch Lasieren erreichen kann.

1 *Rechts*: Das Motiv ist das gleiche wie im vorigen Bild. Doch verwendete der Künstler diesmal eine Schichtentechnik, die einige Tage in Anspruch nahm.

2 *Unten*: Der Künstler begann mit einer monochromen Untermalung und legte dann die Lokalfarben an. Die Farbe wurde mit Wingel gemischt, um den Trocknungsprozeß zu beschleunigen und den Glanz zu erhöhen.

3 *Unten*: Der Maler versuchte, die dunklen Töne so dünn wie möglich zu halten, während die Lichter in Impasto gegeben wurden. Er verwendete Liquin mit Titanweißpigment.

4 *Unten Mitte*: Die Lasurtechnik dauert lange, da jede Farbschicht gründlich trocknen muß, bevor die nächste angelegt werden kann.

Eine monochrome Untermalung schaffen

In dieser Phase kümmerte sich der Künstler nicht um Details, sondern legte die Farben großflächig an. Mit verdünntem Umbra natur malte er zunächst alle dunklen Tonwerte, dann die mittleren und ließ einige Stellen der Leinwand als Lichter frei. So wurden alle wichtigen Bildteile festgelegt und die Grundformen sichtbar gemacht. Darüber legte der Maler dann die Lokalfarben der Gegenstände. Er arbeitete auf der dunklen Untermalung von Dunkel nach Hell in sehr dünnen Farbschichten. Früher war die Untermalung heller, und man malte von Hell nach Dunkel. Die dunkle Untermalung gibt dem Bild jedoch eine schöne, harmonische farbige Einheit.

5 *Links*: In diesem Ausschnitt sieht man eine Vielzahl von Effekten, die mit den jeweiligen Malmitteln erzielt werden können. Liquin ist ein Alkyd-Malmittel, das die Farbe dünner und flüssiger macht. Oleopasto hält den Pinselduktus. Das sieht man bei der Topfpflanze, wo dieses Malmittel dem Olivgrün und dem Kadmiumgelb zugesetzt wurde.

6 *Links*: Der Künstler verwendete eine pastose Mischung aus Weiß und Oleopasto und etwas Umbra natur, um den Blumenkohlkopf wiederzugeben. Bei den Orangen rechts schimmert die Untermalung durch die Lasuren. Diese transparenten Flächen kontrastieren mit dem Impasto des Blumenkohls.

7 *Unten links*: Der Künstler dämpfte die Farbtöne durch Lasieren mit Ultramarinblau.

Was der Künstler brauchte

Folgende Farben wurden benutzt: Kadmiumorange, Kadmiumrot, Olivgrün, Chromoxidgrün feurig, Ultramarinblau, Kobaltblau, Winsorviolett, Umbra natur und Weiß, dazu Titanweißpigment, Wingel, Oleopasto und Liquin. Als Malgrund diente eine 40,6 x 30,5 cm große, mit einem Acrylgrund bestrichene Spanplatte. Die Pinsel waren ein Synthetikpinsel Nr. 8, Flachpinsel Nr. 8 und 10 und ein Rundpinsel Nr. 16.

8 *Links*: In dem Ausschnitt rieb der Künstler die Lasur in die hellsten Töne ein.

9 *Unten*: Chromoxidgrün wurde mit Liquin gemischt, um die Melone und die schattige Seite des Kruges zu lasieren. Der Künstler vollendete das Bild mit Lasuren über den Blättern und den Schatten unterhalb des Tisches. *Gegenüber*: Das fertige Bild zeigt eine intensive, juwelartige Wirkung, die sich sehr von der Alla-Prima-Technik des gleichen Motivs unterscheidet.

Stilleben mit Schusterpalme (2)

DREI FISCHE AUF EINEM OVALEN TELLER

Fische sind mit ihren schlanken Formen, schimmernden Farben und dem feinen Flechtwerk ihrer Flossen ein wunderbares Motiv. Man kann sie auf einer Lage Eis frischhalten und nach dem Malen essen – wenn man sich beeilt.

Die Komposition ist einfach: Drei Diagonalen schneiden ein Oval, und diese Formen sind in das Rechteck aus den Vertikalen und Horizontalen des Stuhls, auf dem der Teller steht, einbeschrieben. Der Künstler betonte die geometrischen Eigenschaften des Motivs, indem er die Bildfläche leicht kippte, einen bestimmten Blickwinkel wählte und die Zwischenräume zwischen den Stuhlbeinen und neben der Rückenlehne hervorhob. Die Fische sind realistisch wiedergegeben und in die Bildkomposition eingefügt. Auf dem hellen Teller heben sie sich wirkungsvoll von dem dunklen Hintergrund des Stuhles ab.

Eine genaue Vorzeichnung wurde direkt auf der stark texturierten Leinwand ausgeführt. Der Künstler malte zunächst die Fische, dann den Hintergrund und behielt stets die Gesamtkomposition im Auge. Malerei ist nicht einfach eine Kopie dessen, was man sieht. Um zu malen, muß man das Motiv genau studieren. Je mehr man schaut, desto mehr sieht man. Vielleicht werden Sie sich plötzlich des schillernden Rosatons auf der Bauchseite der Forelle bewußt und machen ihn zu einem wichtigen Farbakzent.

Die Farbgebung braucht allerdings nicht zu kompliziert auszufallen. Komposition und Farbgebung sind einfach gehalten. Die expressive und einfallsreiche Malweise mit dem Spritzer Lachsrosa schafft jedoch ein dynamisches und frisches Bild. Das Auge wird immer wieder von dem Spritzer warmer Farbe angezogen. Alle Kompositionselemente arbeiten zusammen, um eine Bildwirkung wiederzugeben. Der Schwung des Tellers führt das Auge um das Zentralmotiv herum, wird jedoch immer wieder von den Fischen durchbrochen. So wird der Betrachter zum Motiv zurück- und auf den hellen Farbakzent zugeführt.

1 *Rechts*: Form, Farbe und Textur machen Fische für Künstler zu einem anregenden Motiv.

2 *Unten*: Mit in Terpentin stark verdünntem Ultramarinblau und Payne's Grau wurden die großen Formen des Motivs mit einem Borstenpinsel eingemalt. Der helle Fleck in Rosa wurde mit weiß aufgehelltem Alizarin Krapplack gesetzt.

3 *Rechts*: Die Hintergrundfarbe wurde aus Lichtem Ocker, Weiß und Siena gebrannt gemischt. Für den Stuhl nahm der Künstler eine Mischung aus Ocker und Weiß. Mit ein wenig Preußischblau werden die dunklen Töne des Tellers verstärkt.

Maßzeichnung

Zeichnen ist grundlegend für die Kunst und hat viele Funktionen. Man kann zu einem bestimmten technischen oder künstlerischen Zweck zeichnen oder einfach um des Zeichnens selbst willen. Der Künstler zeichnete hier, um das Motiv seines Bildes zu ordnen. Mit wenigen Linien konnte er ermitteln, ob sein Motiv auf die Bildfläche paßte.

Kinder zeichnen oft das, was sie wissen. Ein Ball ist rund, ein Ziegel rechteckig. Der Künstler muß aber genau hinsehen und stets korrigieren. Die besten Ergebnisse erzielt man, wenn man das Motiv in seiner Umgebung, als Teil eines Ganzen, sieht. Der Künstler zeichnete daher das Motiv samt Hintergrund und bezog alles aufeinander. Mit einem weichen Bleistift und einem Lineal konstruierte er das Oval des Tellers, indem er die Linien zeichnete, die durch beide Durchmesser gehen und sich im rechten Winkel kreuzen. Den Rest der Zeichnung konstruierte er, indem er die Entfernung zwischen je zwei Punkten maß und Vertikale von jedem Punkt zu dem direkt darunterliegenden zog.

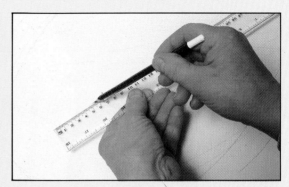

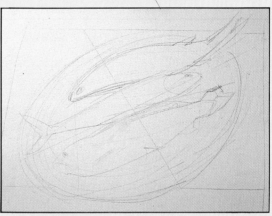

4 *Oben*: Der Künstler war sich der dekorativen Aspekte des Motivs wohl bewußt. Mit weiß aufgehelltem Coelinblau gab er die Zeichnung auf der Seite der Makrele wieder.

5 *Oben*: Die Textur der Forelle wurde entwickelt. Zuerst spritzte der Künstler mit Hilfe eines Borstenpinsels verdünnte Farbe auf und setzte dann Farbtupfen mit dem Malspachtel.

6 *Rechts*: Im Laufe des Bildaufbaus versuchte der Künstler, alle Bildteile gleichzeitig zu bearbeiten. Die verwendeten Farben ähnelten sich im Tonwert, wurden aber zur Formgebung sorgfältig moduliert.

7 *Unten*: Mit einem kleinen Spachtel und schwarzer Farbe zeichnete der Künstler die Forellenflosse ein.

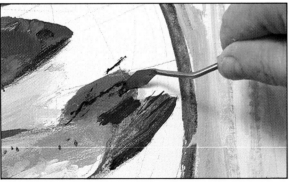

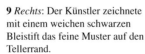

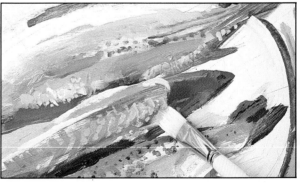

8 *Oben rechts*: Mit einer Mischung aus Coelinblau und Weiß wurde auf den mittleren Fisch Farbe aufgetupft. Die Möglichkeiten, mit Ölfarbe Texturen zu erzeugen, werden eigentlich nur durch unseren Einfallsreichtum begrenzt.

9 *Rechts*: Der Künstler zeichnete mit einem weichen schwarzen Bleistift das feine Muster auf den Tellerrand.
Gegenüber: Das fertige Bild ist zwar eine genaue Wiedergabe des Motivs, doch hat der Maler auch die abstrakten Elemente der Komposition herausgearbeitet.

Drei Fische auf einem ovalen Teller

Was der Künstler brauchte

Das Bild wurde auf einer 50,8 x 61 cm großen Leinwandtafel gemalt. Der Künstler verwendete einen 4B-Bleistift für die Vorzeichnung und für Texturen und Details. Als Farben kamen Künstler- und Studienölfarben zum Einsatz: Preußischblau, Coelinblau, Chromoxidgrün feurig, Schwarz, Alizarin Krapplack, Lichter Ocker, Kadmiumgelb hell, Payne's Grau, Ultramarinblau, Siena gebrannt und Umbra natur. Gemalt wurde mit einem Flachpinsel Nr. 10 und einem kleinen Marderhaarpinsel. Mit einem kleinen Malspachtel wurden Texturen geschaffen.

NEUNTES KAPITEL

FIGUR

Der menschliche Körper kann in so viele verschiedene Stellungen gebracht werden, daß sich für den erfahrenen wie unerfahrenen Maler eine Fülle figürlicher Motive anbietet. Beim Zeichnen und Malen einer Aktfigur lassen sich Beobachtungsgabe und Maltechnik immer wieder aufs Neue erweitern. Mit der menschlichen Gestalt kann man auch die ganze Skala von Gefühlen darstellen, was vor allem im Tanz ausgenutzt wird. Auch in der Malerei läßt sich das in anregende Kompositionen umsetzen. Die Probleme der Perspektive, der Formgebung und Bewegungsdarstellung wie auch die komplexen Zusammenhänge der Anatomie können beim Studium der Figur erkundet werden. Man sollte so oft wie möglich nach dem Leben malen. Vielleicht lassen sich Freunde und Verwandte überreden, einmal als Akt zu stehen. Sonst bleibt einem nur übrig, Aktklassen zu besuchen oder ein professionelles Modell ins Atelier zu bestellen.

In diesem Kapitel wollen wir sowohl auf den Akt als auch auf die bekleidete Figur eingehen und zudem die Ölfarbe als Skizziermittel ausprobieren.

FRAU MIT GRÜNER BLUSE

Die sitzende Figur ist eine einfache Pose, die jedoch nicht leichter zu malen ist als andere. Der Künstler muß die Ruhe und Symmetrie erfassen. Bei einer Dreiviertel-Ansicht ist vor allem der Kopf schwierig wiederzugeben.

Nach den Regeln der Griechen ist die ideale männliche Figur etwa acht Köpfe hoch, vier für Kopf und Rumpf und vier für die Beine. Die weibliche Figur ist siebeneinhalb Köpfe hoch, davon dreieinhalb für die Beine. Natürlich entsprechen wenige Menschen diesen Maßstäben. Trotzdem dient der alte Schönheitskanon als eine Faustregel – vergleichen Sie einmal Ihre Mitreisenden im Bus oder Zug. Angesichts der Vielfältigkeit menschlicher Körperformen darf man sich jedoch nicht zu fest an Regeln binden. Stellen Sie sich die Figur beim Zeichnen aus Zylindern und anderen Figuren zusammengesetzt vor und versuchen Sie, die dreidimensionale, plastische Form des Körpers auf die zweidimensionale Fläche zu übertragen.

Die Pose hier kann als eine Folge von Blöcken aufgefaßt werden: Unterschenkel, die über das Kniegelenk mit den Oberschenkeln verbunden sind, Hüfte, Rumpf, dann Hals und Kopf. Alle Glieder hängen zusammen und sind zu mannigfaltigen Bewegungen mit- und gegeneinander fähig. Sobald das Modell eine andere Pose als die aufrechte einnimmt, sehen Sie sich einer Fülle von Problemen gegenüber. Versuchen Sie, sich dann die Richtung, in die die jeweiligen Körperteile bewegt wurden, und ihre Neigungswinkel zueinander vorzustellen.

Diese allgemeinen Hinweise ersparen es Ihnen aber nicht, genau hinzusehen. Sehen lernen ist der wichtigste Lernprozeß für den Künstler. Um die Proportionen und ihre Beziehungen zu erfassen, müssen Sie mit dem Auge schätzen. Ziehen Sie vom Kinn zur linken Hand des Modells mit dem Auge eine imaginäre Linie, ebenso zwischen der linken und rechten Hand, zwischen Hand und Fuß usw. Diese Linien haben untereinander bestimmte Proportionen und Winkel. Achten Sie besonders auf Vertikale und Horizontale, die als Bezugslinien für Wände, Türen und Boden wichtig sind. In einer Kohlezeichnung hielt der Künstler mit wenigen Linien die groben Unterteilungen der Figur fest. Dann legte er mit verdünnter Acrylfarbe die großen Flächen an, die rasch trockneten und bald mit Ölfarben bearbeitet werden konnten. Das Modell machte während der Sitzung Pausen, nach denen sich die Haltung jedesmal leicht veränderte. Auch das Entspannen während des Sitzens veränderte Winkel und Proportionen. Der Künstler beobachtete die Veränderungen und wandelte sein Bild entsprechend ab.

Die Studie zeigt eine eigenwillige Farbgebung. Das Bild wirkt mit blauen und grauen Farbtönen über dem warmen, aber neutralen Farbton des Malgrunds kühl.

1 *Rechts*: Die Winkel zwischen den Gliedern und dem Rumpf der sitzenden Figur schaffen ein geometrisches Gerüst, das die scheinbar einfache Pose interessant macht.

2 *Rechts*: Der Malgrund (Hartfaser mit Musselinstoff bezogen) lieferte einen brauchbaren mittleren Tonwert. Die Farbverteilung wurde mit Acrylfarbe erprobt, und die Umrisse wurden mit dünner Zeichenkohle eingesetzt.

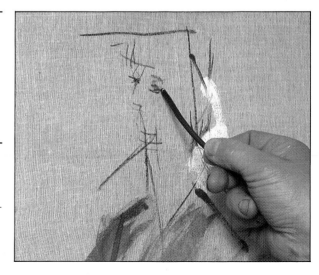

Neu zeichnen

Nur wenige Künstler würden für sich in Anspruch nehmen, alles über Kunst zu wissen. Daher ist jede Übung eine neue Lernsituation. Selbst der erfahrenste Künstler wird während seiner Arbeit Verbesserungen vornehmen müssen. Das kann eine Abwandlung der Komposition sein oder eine Nachbesserung in der Haltung des Modells oder die Korrektur einer falschen Zeichnung. Sobald Sie merken, daß etwas falsch läuft, verbessern Sie es, egal, wie weit das Bild fortgeschritten ist. Gerade in der Ölmalerei lassen sich leicht Verbesserungen vornehmen. Im Detail rechts zeichnete der Künstler mit Kohle in die noch feuchte Farbe die Stellung des Fußes neu ein.

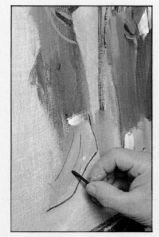

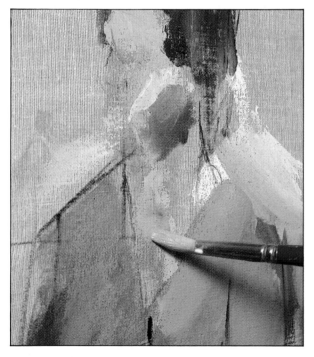

3 *Oben*: Mit Acrylfarbe skizzierte der Künstler die großen Flächen der Figur ein, wobei er Kobaltblau und Weiß für den Rumpf und die Hosen und Schwarz für das Haar nahm. Er mußte zügig arbeiten, da Acrylfarbe schnell trocknet, vor allem auf einer Malfläche, die die Farbe stark absorbiert.

4 *Oben*: Um den Hintergrund abzudämpfen, wurde kobaltblaue Acrylfarbe mit etwas Weiß aufgehellt. Die Formen wurden noch einmal mit einem weichen Synthetikpinsel und flüssiger schwarzer Farbe nachgezogen.

5 *Rechts*: Der Künstler verließ sich beim Malen auf sein Augenmaß. Um es zu überprüfen, trat er ein wenig von der Staffelei zurück.

6 *Unten*: Als die Acrylfarbe trokken war, begann der Künstler mit der Ölmaltechnik. Nachdem die großen Flächen angelegt waren, wurden sie weiter aufgebaut.

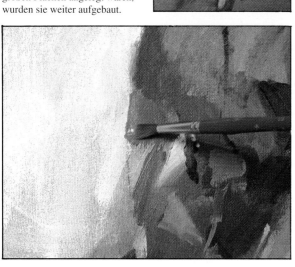

7 *Oben*: Die Farbgebung ist vorwiegend in kühlen Blau-, Grün- und Weißtönen gehalten. Die wärmeren Farbtöne sind auf den Kopf, die Arme und Hände beschränkt.

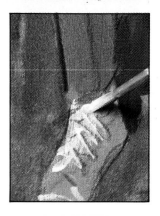

8 *Links*: Mit einem kleinen Pinsel wurden die dunkleren Töne, hier am Ellbogen, wiedergegeben. Dieser Ausschnitt zeigt die sorgfältig modellierten Farbtöne in der Bluse, die von der durchschimmernden Textur des Musselinstoffes geprägt werden.

9 *Oben*: Der Künstler setzte noch einige Farbakzente: einen Tupfer Rot für die Socken und Weiß für das Oberteil des Schuhs.

Frau mit grüner Bluse

Was der Künstler brauchte

Vorzeichnung und Korrekturen wurden mit Kohle ausgeführt. Als Farben benutzte der Maler Weiß, Kobaltblau und Schwarz in Acryl sowie Preußischblau, Payne's Grau, Schwarz, Ultramarinblau, Umbra natur, Chromoxidgrün feurig, Lichten Ocker und Kadmiumrot in Ölfarbe. Er verwendete einen Haushaltspinsel in 1,3 cm und Synthetikpinsel Nr. 8 und Nr. 10. Als Malgrund diente eine 71 x 51 cm große Hartfaserplatte, auf die ein Musselinstoff aufgeleimt wurde.

DIE KUNSTKLASSE

Den Künstler reizte die Komplexität des Motivs und die Möglichkeit, Verkürzungen und Bewegungen verschiedener Flächen zu erkunden. Er wollte ein Bild malen, das innere Dynamik wie auch Harmonie und Balance hat. Das Gemälde wurde nach der Fotografie einer Kunstklasse des Malers entworfen. Als Ausgangspunkt und Rohmaterial diente ein Kleinbilddia, mit dem der Künstler sein Motiv auslotete.

Die Flächen des Hintergrundes und die kühlen Farbtöne bilden ein Muster verkürzter Flächen. Der Maler plante, seine Farbskala auf Blau-, Grau-, Braun- und Ockertöne zu beschränken, doch stahlen sich einige Grüntöne ein.

Alle festen Formen wurden durch Flächen dargestellt, und Formen sehen wir dadurch, daß Licht auf sie fällt. Selbst runde Formen können als Folge von kleinen Lichtfacetten gedacht werden. Wo eine Fläche eine andere trifft, ergibt sich ein neuer Tonwert und ein neuer Farbton, da das Licht anders reflektiert wird. Solche Tonwertveränderungen sind wichtig, um den Gegenständen Volumen und Plastizität zu verleihen. In diesem Bild beschäftigte sich der Künstler mit der Struktur und dem Raum im Bild. Thema sind die Beziehungen zwischen den Figuren, auf formaler Ebene zwischen Linie und Farbe sowie zwischen den Tonwertveränderungen im Licht. Der Künstler wählte ein ihm bekanntes Motiv, das seinen Lebensumständen entsprach.

Durch Weglassen und Betonen einzelner Dinge in einem Motiv entsteht ein persönliches, interessantes Bild. In diesem Bild konzentrierte sich der Künstler vor allem auf die Struktur und die Tiefe sowie auf die Verteilung von Licht und Schatten, was die Komposition abstrakt macht. Diese Ideen wurden in einer Folge von Kompositionszeichnungen erprobt. Falls man bei einer solchen Studie Schwierigkeiten mit der Haltung einer Figur oder dem Zusammenhang in der Gruppe hat, kann man ein Modell bitten, einzeln zu sitzen, um die Probleme zu lösen. Setzt man eine große Figur in den Vordergrund und eine kleine in den Hintergrund, schafft das schon Tiefe im Bild. Innerhalb der Komposition überschneiden sich die Figuren, wodurch ebenfalls Tiefenwirkung erzielt wird.

Das Licht kommt im Bild aus einer Richtung, dem Oberlicht des Ateliers. Der Maler drückte die Lichtwirkung im Bild durch die Verteilung von Hell und Dunkel aus. Die überall auftretenden Farbfacetten schaffen dynamische, geometrische Formen und eine rhythmische Bewegung auf der Bildfläche. Im ganzen Gemälde herrscht ein Wechselspiel von Hell und Dunkel. Das fällt besonders bei den Figuren der Studenten auf. Ihre Gesichter erscheinen im Profil vor einem hellen Hintergrund und werden weniger durch Umrisse als durch umgebende Flächen wiedergegeben.

1 *Rechts*: Das Gemälde basiert auf einem Dia des Motivs, das der Künstler frei umsetzte.

2 *Rechts*: Diese Zeichnung aus einer Studienserie sollte die Komposition des Motivs klären und zeigt das Interesse des Künstlers an Struktur und Raum.

Abdämpfen

Beim Abdämpfen wird deckende Farbe locker über eine bereits trockene Farbschicht aufgetragen, so daß die untere Farbe etwas durchscheint und den Farbeindruck etwas modifiziert. Die Farbe kann dabei hell auf dunkel oder dunkel auf hell aufgelegt werden. Zum Auftragen kann man Pinsel, Lappen oder sogar die Finger nehmen. Tizian verwendete diese Technik in seinem Spätwerk in Verbindung mit Lasuren, um dünne Farbschichten aufzubauen.

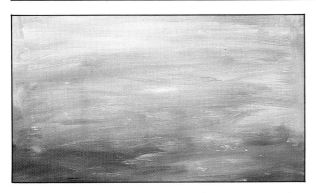

3 *Oben*: Der Künstler bereitete eine vielfarbige Grundierung aus verschiedenen Farben von sehr hellem Ocker bis zu dunklem Grau, die mit einem terpentingetränkten Lappen aufgetragen wurde.

4 *Links*: Die Vorzeichnung wurde in Kohle angefertigt, die leicht wegzuwischen ist. Man sieht, daß die Frau links im Bild versetzt wurde.

5 *Oben*: Der Maler legte Tupfen der Lokalfarben an und betonte die geometrischen Formen der Zwischenräume mit Schwarz.

135

6 *Links*: Das Bild zeigt ein komplexes Muster sich überschneidender Flächen. Die Flächen zwischen den Figuren und Gegenständen tragen genauso viel zur Komposition bei wie die Figuren selbst. Zwischen der Tiefenwirkung im Bild und den Formen auf der Bildebene entstand eine interessante Spannung.

7 *Links*: Die natürliche Beleuchtung durch ein Oberlicht schuf ein flackerndes Spiel von Licht und Schatten im Raum. Der Künstler vereinfachte dies, um die abstrakten Eigenschaften von Licht und Farbe in dem realistischen Bild zu betonen.

8 *Oben*: Der Künstler trug auf der Schulter, wo das Licht auffällt, Farbe auf.
Gegenüber: Das fertige Bild zeigt ein komplexes Muster von sich überschneidenden Formen und eine vorwiegend blaue und ockerfarbene Farbgebung. Der Künstler verstand es, die geometrischen und ornamentalen Aspekte des Motivs herauszuarbeiten und gleichzeitig ein realistisches Abbild seiner Klasse zu schaffen.

Die Kunstklasse

Was der Künstler brauchte

Als Malgrund diente eine
61 x 76,2 cm große, mit einer
Ölgrundierung versehene
Hartfaserplatte. Als Pinsel
kamen ein flacher Schweineborstenpinsel Nr. 7 und ein
Katzenzungenpinsel Nr. 8
zum Einsatz. Mit Zeichen-
kohle wurde vorgezeichnet.
Folgende Farben wurden verwendet: Lichter Ocker, Siena
gebrannt, Weiß, Schwarz,
Hellrot, Kadmiumgelb,
Chromgrün, Kobaltblau,
Siena natur und Chromoxidgrün feurig.

ÖLFARBE ZUM SKIZZIEREN VERWENDEN

Die folgenden Seiten sind Aktskizzen gewidmet, die von verschiedenen Künstlern in Öl gemacht wurden. Ölfarbe ist ein vielseitiges und expressives Malmittel. Das Skizzieren mit Ölfarbe hat den Vorteil, daß man später mit der gleichen Farbe weiterarbeitet. Die Maler setzten ganz verschiedene Techniken ein: Sie legten dünne Farblavierungen an, auf die Ölfarbe direkt aus der Tube gestrichen wurde, dann zeichneten sie mit Ölpastellkreiden oder Bleistift oder mit dem, was gerade zur Hand war, darüber.

Alle Skizzen wurden nach dem Leben gemacht und beziehen sich direkt auf die menschliche Figur. Das Studium der Figur hört eigentlich nie auf, da jede neue Situation, jedes neue Modell neue Herausforderungen darstellt. Man kann dann nicht auf einmal erlernte Fähigkeiten zurückgreifen, sondern muß sich einer neuen Erfahrung aussetzen. Den guten Künstler zeichnen die Frische in der Vorgehensweise und sein Lernwille aus. Alle großen Maler zeichnen und skizzieren ständig. Tun Sie es Ihnen mit der gleichen Hingabe und Kraft gleich!

Stellen Sie Ihr Modell in die gewünschte Position und beginnen Sie mit fünfminütigen Skizzen. Stellen Sie unbedingt den Wecker, damit Sie die Zeit wirklich einhalten. Danach können Sie sich an Posen von zehn Minuten wagen. Die raschen Studien zwingen Sie, die wichtigen Elemente herauszudestillieren, da Sie für die übrigen, nicht so wichtigen keine Zeit haben. Zunächst wird das unmöglich scheinen. Nach einiger Zeit lernt man aber, sich rasch in die Pose einzusehen und sie ebenso schnell umzusetzen. Diese knappen Skizzen trainieren die Koordination zwischen Auge und Hand.

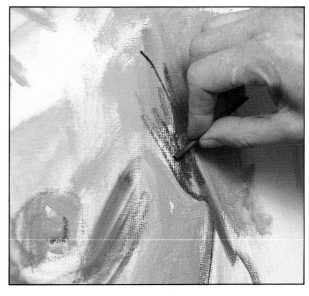

1 *Rechts*: Die Künstlerin skizzierte nur den Rumpf, um sich auf die wesentlichen Formen zu konzentrieren.

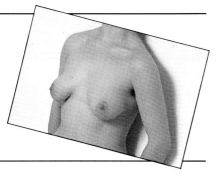

2 *Oben*: Die Umrisse wurden mit Kohle vorgezeichnet und mit violetter Ölpastellkreide überarbeitet. Im Hintergrund und in den mittleren Tonwerten folgten Lavierungen mit verdünnter Farbe. Das Motiv geht auf allen vier Seiten über den Bildrand hinaus. Daher werden auch die Flächen zwischen Rumpf und Bildrand betont.

3 *Oben*: Die Form entwickelte sich aus dem Zusammenspiel von warmen und kalten Farbtönen. Warme Rosa- und Ockertöne geben die Brüste, Schultern und Hüften wieder. Kalte Grautöne wurden in den lichtabgewandten Teilen verwendet. Die Schatten unter dem Arm wurden mit Kohle einschraffiert.

Ölfarbe mit dem Lappen auftragen

In den Abbildungen rechts legte der Künstler Ölfarbe mit dem Lappen an, um die Formen des Körpers anzudeuten. Das ist eine sehr direkte Arbeitsweise. Man kann die Farbe unmittelbar auftragen und dabei die Formen leicht modellieren. Danach wird die Skizze mit Ölpastellkreiden weiterbearbeitet. Diese Methode eignet sich besonders für die Arbeit im Skizzenbuch. Man braucht nur einige Tuben Ölfarbe, einige Ölpastellkreiden und ein kleines Skizzenbuch und bringt ein Bild heim, das sowohl Linie als auch Farbe hat. Die Farbe wird direkt aus der Tube aufgetragen, so daß man weder Palette noch Pinsel braucht.

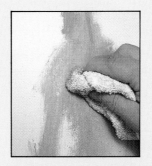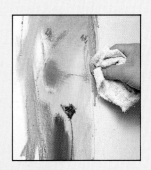

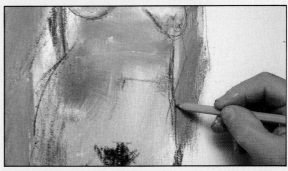

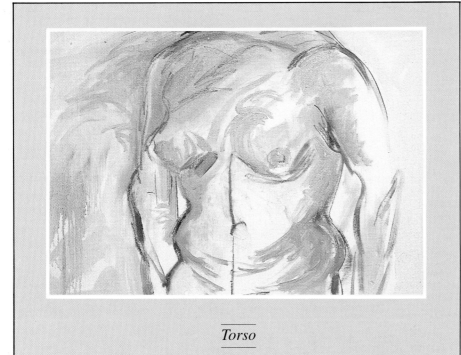

Torso

Was die Künstlerin brauchte

Die Skizze wurde auf einem Blatt Ölmalpapier ausgeführt. Die Farbskala bestand aus Lichtem Ocker, Payne's Grau und Fleischfarbe. In die Farbflächen wurde mit Kohle und violetter Ölpastellkreide gezeichnet.

1 *Rechts*: Das halb bekleidete Modell zeigt im Kontrast von Fleisch und Stoff interessante Texturen. Die beiden Künstler, die das gleiche Modell skizzierten, verwendeten ganz unterschiedliche Techniken.

2 *Rechts*: Mit Kohle skizzierte der Künstler die groben Umrisse der Figur ein. Dann folgten mit einem Borstenpinsel die Fleischtöne des Kopfes, des Rumpfes und der Beine.

3 *Oben*: Die Details der Augen und Hände wurden mit Bleistift eingezeichnet. *Links*: Mit Pinsel und Farbe malte der Künstler dann die dunkleren Töne. Die Punkte auf dem Morgenmantel wurden mit Farbe direkt aus der Tube wiedergegeben.

Was der Künstler brauchte

Als Malgrund diente ein Blatt Ölmalpapier. Die Farben waren Lichter Ocker, Payne's Grau, Schwarz, Umbra und Zinnober. Als Malmittel diente Leinöl. Der Künstler verwendete einen Marderhaarpinsel Nr. 5 und einen Bleistift 4B.

Francesca im Morgenmantel (1)

1 und **2** Diese Skizze basiert auf einer Palette von gemischten Ocker- und Grautönen. *Rechts*: Die Künstlerin arbeitete mit verdünnter Ölfarbe gleich auf den Karton. *Ganz rechts*: Stark verdünnte Ölfarbe verfließt leicht und läßt die Farben rasch ineinander verlaufen.

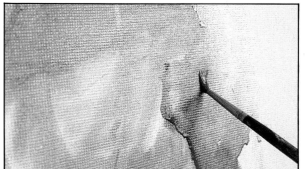

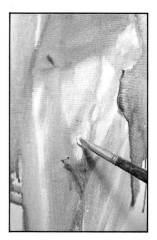

3 *Oben*: Mit weißer Farbe wurden Lichter gesetzt. *Links*: Gesichtszüge, Ohrringe und Innenseiten der Beine wurden mit Bleistift und schwarzer Farbe gemalt.

Francesca im Morgenmantel (2)

Was die Künstlerin brauchte

Als Malgrund diente ein schwerer Karton. Fleischfarbe und Kadmiumrot wurden als Farben verwendet. Zum Zeichnen dienten Kohle und ein 2B-Bleistift.

1 *Rechts*: Diese Pose bietet interessante Formen. Die ausgestreckten Arme, die Neigung des Kopfes und die subtilen Fleischtöne wurden von den beiden Künstlern auf ganz verschiedene Weise wiedergegeben.

2 Diese Künstlerin machte zunächst eine schnelle Bleistiftskizze. Sie achtete auf die Volumina der Figur und die Winkel zwischen den Körperteilen. Mit einem großen Marderhaarpinsel legte sie dann die großen Flächen in Lichtem Ocker an, wobei sie die Farbe so einsetzte, daß sie an dunkleren Stellen dichter aufgetragen wurde, an helleren dünner.

Francesca von hinten (1)

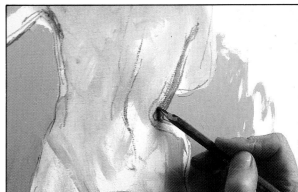

Was die Künstlerin brauchte

Als Malfläche diente ein großes Blatt Ölmalpapier. Verwendet wurden Lichter Ocker, Venezianischrot, Weiß, ein Lappen, drei Ölpastellkreiden und ein Bleistift.

3 *Oben Mitte*: Auch der Hintergrund erhielt eine Lavierung in Fleischfarbe, wobei der Schatten auf der Wand mit einem ausgemischten Grauton gesetzt wurde. Dann zeichnete die Künstlerin mit dem Bleistift in die Farbe.

4 *Oben*: Mit verdünnter weißer Farbe setzte die Künstlerin Lichter auf Rücken und Schulter ein, so daß der Rücken plastischer wirkt. Das fertige Bild zeigt, wie effektvoll die Öltechnik bei einer kurzen Pose eingesetzt werden kann.

1 *Rechts*: Ein anderer Künstler, eine andere Arbeitsweise: Ein Fleischton wurde aus Lichtem Ocker, Venezianischrot und Weiß gemischt und mit dem Lappen in der ganzen Figur über die Bleistiftvorzeichnung aufgetragen.

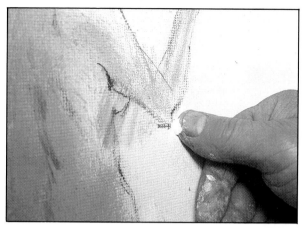

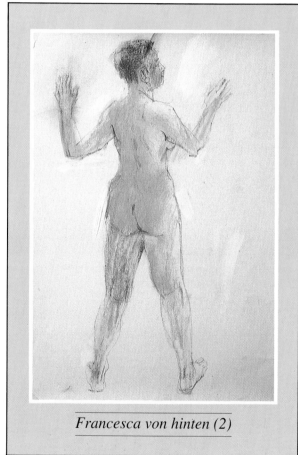

Francesca von hinten (2)

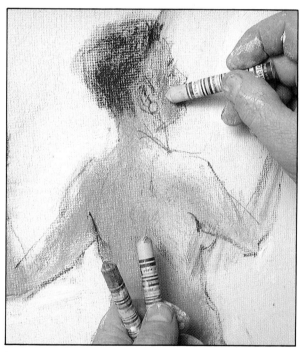

2 *Ganz oben*: Der Künstler entwickelte die Formen mit Pastellkreiden in Karmesin, Grau- und Brauntönen sowie einem Graphitstift. Hier rieb er weiße Ölfarbe mit dem Daumen in den Hintergrund, um die Zeichnung zu verbessern.

3 *Oben*: Verschiedenfarbige Striche mit Ölpastellkreide wurden im Gesicht aufgelegt. Die verschiedenen Farben verschmelzen im Auge des Betrachters und schaffen so den gewünschten Farbton.

Was der Künstler brauchte

Verwendet wurden ein Karton, Geraniumlack, Fleischfarbe, Lichter Ocker, Kadmiumgelb, Coelinblau und Weiß, außerdem ein Bleistift und ein Marderhaarpinsel.

1 *Rechts*: Diese Pose ist am schwierigsten einzufangen. Das Modell ist eine Tänzerin und kann solche Posen ganz natürlich einnehmen.

2 *Unten links*: Mit verdünnter Fleischfarbe legte die Künstlerin die Formen an. Die Farbe trocknete auf dem absorbierenden Grund relativ schnell, so daß die Künsterin bald mit einem 4B-Bleistift weiterzeichnen konnte.

3 *Unten*: Mit den Fingern wurde Ocker in die schattigen Stellen auf dem Bein eingerieben. Dann zeichnete die Künstlerin mit einem schwarzen Farbstift und ließ die Linie an- und abschwellen, um schattige Partien anzudeuten.

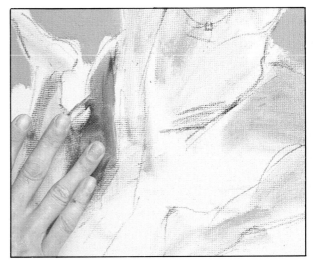

Francesca sitzend (1)

Was die Künstlerin brauchte

Ein schwerer A3-Karton wurde als Malfläche verwendet. Als Farben benutzte sie Turnergelb, Lichten Ocker, Coelinblau, Weiß, Naphtolrot hell, Umbra natur und Hooker's Grün. Außerdem verwendete sie einen Rundpinsel Nr. 10, einen Schweineborstenpinsel, einen kleinen Marderhaarpinsel und einen weichen schwarzen Aquarellstift.

1 *Rechts*: Die großen Formen wurden mit einem Lappen und Fleischfarbe eingerieben. Dann wurden mit einem weichen schwarzen Farbstift die Konturen des Körpers gezogen, die Fingerspitzen, die Brüste und die Schultern und Arme.

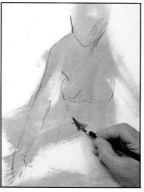

2 *Unten links*: Der Künstler arbeitete mit einem schwarzen Stift, der wasserlöslich und weich war. Damit lassen sich viele verschiedene Texturen schaffen.

3 *Unten:* Der Maler zeichnete das Motiv auf dem Morgenmantel mit einem Bleistift. Die Skizze war rasch fertig, da er mit seinem Material vertraut war und jahrelange Erfahrung mit dem Zeichnen nach dem Leben hatte.

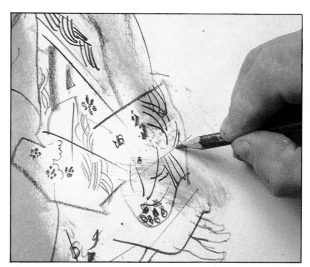

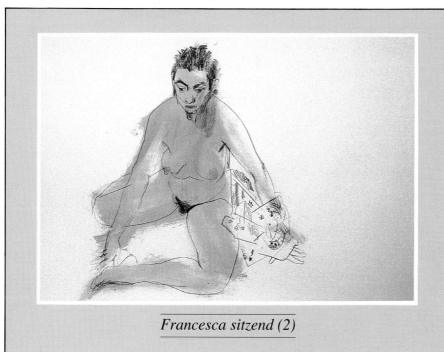

Francesca sitzend (2)

Was der Künstler brauchte

Als Mal- bzw. Zeichenfläche diente ein großer Zeichenkarton. Der Künstler verwendete als Ölfarben Fleischfarbe, Lichten Ocker und Weiß, die mit einem kleinen Marderhaarpinsel aufgetragen wurden. Die zeichnerischen Mittel waren ein 4B-Bleistift und schwarze Contékreide.

FRAU IN SCHWARZ

Manchmal ist das, was ein Künstler ausläßt, so wichtig wie das, was er malt. Viele Kompositionen wirken deshalb besonders gut, weil große Flächen einfach leer blieben. Die Werke Sandro Botticellis (ca. 1445–1510), Tizians und, in unserer Zeit, David Hockneys (*1937) demonstrieren gut die Verwendung leerer Flächen im Bild. Dieses Stilmittel wird auch oft in Porträts verwendet, wo ein kühler, unbelebter Hintergrund die ganze Aufmerksamkeit auf das Gesicht des Modells lenkt.

Der Künstler wählte in diesem Bild eine einfache Komposition, eine Figur in Silhouette vor einem hellen Hintergrund. Durch die einfache geometrische Formverteilung wirkt das Bild fast abstrakt. Ein in großen Farbflächen angelegtes Bild schafft ein Gefühl der Stabilität und Ruhe. Der leere Raum betont dabei die wichtigen Bildteile. In einem sehr vollen Bild sind alle Teile gleich bedeutend, der Betrachter soll die gesamte Bildfläche erkunden.

Doch eine Bildfläche ist nie ganz leer. Selbst wenn man den Malgrund unbemalt läßt, wirkt diese Stelle innerhalb der Bildkomposition noch immer als Farbe.

Der Maler hatte in diesem Bild eine klare Vorstellung von der Komposition, der Bildwirkung und der Verteilung der Farben. Nachdem er einige vorbereitende Skizzen in einem Skizzenbuch gemacht hatte, legte er eine sorgfältige Zeichnung auf Leinwand an. Diese Zeichnung wurde dann sorgsam Fläche für Fläche ausgemalt, so daß das Bild langsam Gestalt annahm. Die Farbskala ist einfach: warme cremefarbige Töne für das Fleisch und den Hintergrund im Kontrast zum intensiven Rot der Bettdecke und zum Schwarz des Haars und des Petticoats. Das Bild zeigt eine kontrollierte, genau überlegte Annäherung an das Motiv. Ein Bild muß nicht wild gemalt sein, um eine starke Wirkung auszuüben. Die Malweise hängt natürlich von vielen Dingen ab, vom künstlerischen Ziel, vom Motiv und selbst von der Laune des Künstlers.

1 *Rechts*: Der Künstler wählte eine einfache Pose vor einem neutralen, unbelebten Hintergrund.

2 *Links*: Die Vorzeichnung mit Umrissen und Tonwerten wurde direkt auf der Leinwand angefertigt.

3 *Oben*: Mit schwarzer Farbe und einem kleinen Marderhaarpinsel wurde das Haar angelegt, wobei weiße Stellen als Lichter freiblieben. Die dunkelsten Hauttöne erhielten eine Mischung aus Schwarz und Umbra natur.

Eine gleichmäßige Farbfläche anlegen

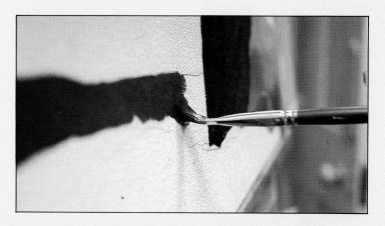

Wie gesagt gibt es für die Ölmaltechnik kaum Einschränkungen. Auf den vorigen Seiten haben wir Abdämpfen, Lasieren und Impastos besprochen. Hier wollen wir zeigen, wie man eine gleichmäßige Farbfläche anlegt. Der Künstler malt mit einem feinen Pinsel in gleichmäßigem Zug und Druck. Da die Farben unterschiedlich zusammengesetzt sind, wird etwas Terpentin oder Terpentinersatz zum Verdünnen und Verbessern des Fließverhaltens beigefügt. Auch das Alkydmalmittel Liquin eignet sich für gleichmäßige Farbverläufe. Es verbessert den Farbfluß und läßt die Farbe leichter vermalen.

4 *Links*: Mit terpentinverdünnter Farbe malte der Künstler die ganze Figur aus, wobei er die Hauttöne in helle und dunkle Flächen aufteilte.

5 *Oben*: In diesem Detail legte der Künstler noch einmal Schwarz und Umbra natur auf, um die dunkelbraunen Hauttöne in den dunkelsten Partien wiederzugeben. Die Textur der Leinwand schimmert durch die dünnen Farbschichten und gibt dem Bild eine einheitliche Farbstimmung.

6 *Links*: Der Künstler legte das Unterkleid mit reiner schwarzer Farbe an. Die Lichter wurden weiß stehengelassen, um später einen helleren Ton zu malen.

Frau in Schwarz

7 *Links*: Mit einem Borstenpinsel Nr. 5 und einer Mischung aus Umbra natur und Weiß wurde der Hintergrund eingemalt. Die Farbe ist stark verdünnt und schafft matte, gleichmäßige Farbflächen. *Oben*: Dann wurden die Rottöne der Bettpfosten gemalt und einige letzte Details eingefügt.

Was der Künstler brauchte

Als Malgrund diente grundierte, 51 x 61 cm große Leinwand. Folgende Farben wurden verwendet: Weiß, Lichter Ocker, Chromorange, Kadmiumrot für die Hauttöne, Kobaltblau für die kühleren Stellen, Umbra natur und Schwarz. Gemalt wurde mit Marderhaarpinseln Nr. 3 und Nr. 5 sowie mit einem Borstenpinsel Nr. 5.

ZEHNTES KAPITEL

NATURKUNDE

Die Natur ist reich an faszinierendem Material für den Künstler. Pflanzen und Blumen sind überall als Motive vorhanden. Falls Sie einen eigenen Garten haben, werden Sie dort täglich reichlich Inspiration zum Malen finden. Blumenmotive haben einen besonderen Reiz, wenn man sie vor Ort malt. Alles, was Sie draußen im Garten oder auf einem Spaziergang vorfinden, ergänzt Ihre Sammlung von Motiven. Man kann Federn, Zweige, Steine, Blätter, Moose und Flechten sammeln und daraus anregende Motive voller Farben und Texturen zusammenstellen. Tiere und Vögel sind weniger leicht zugänglich, da wildlebende Tiere zu scheu sind und leicht aufgeschreckt werden. Will man solche Motive nach dem Leben malen, muß man sehr geduldig sein und außerdem spezielle Maltechniken entwickeln. Man kann seinem Interesse für wildlebende Tiere allerdings auch im Zoo und in Wildparks nachgehen oder nach Fotovorlagen arbeiten. Wunderbare Motive finden Sie auch bei Ihrem Fischhändler, zum Beispiel die vielfarbigen Panzer der Krustentiere, die schimmernde Schönheit frischer Makrelen oder die subtilen Regenbogenfarben der Forelle. Was immer Ihr Interesse weckt, in der Natur finden Sie stets etwas zum Malen.

DER KAKTUS

Den Künstler reizten an diesem Motiv die abstrakten Eigenschaften der Kaktuspflanze, die spitzen, scharfen Blätter und die klaren Konturen. Die fleischigen Blätter mit ihren grau-grünen Farben und hellgelben Streifen sehen sehr abstrakt-geometrisch aus. Diesen Aspekt arbeitete der Maler in seinem Bild heraus, indem er zum Beispiel den Kaktus ganz nach unten ins Bild setzte, so daß der Blick sofort auf die starren, spitzen Blattformen fällt. Zusätzlich gab er alle Formen stilisiert wieder und befreite den Hintergrund von ablenkenden Dingen. Trotz der einfachen Komposition ist das Motiv immer noch ausreichend realistisch dargestellt.

Verwendet wurde eine Leinwandtafel mit einer glatten, kaum texturierten Oberfläche, die der Malweise des Künstlers entgegenkam. Die Farben wurden sehr dünn mit einem kleinen Pinsel aufgetragen.

Die Komposition wurde durch Weglassen des unteren Bildstreifens radikal verändert. Während der Arbeit bemerkte der Künstler immer stärker die abstrakte Aussagekraft des Motivs, und er entschied sich für einige Eingriffe. Der Kaktus wurde stärker ins Bildgeviert eingespannt, so daß einige Spitzen der Blätter über die Bildgrenzen hinausreichen und die Bilddynamik verstärken. Im Hintergrund wurde eine große Fläche frei gelassen, um die Konturen der Blätter im unteren Teil des Bildes stärker zu betonen. Die Zwischenräume zwischen den im Bild eingespannten Blättern erhalten durch diesen Kunstgriff besondere Bedeutung.

Der Hintergrund wurde ganz zum Schluß eingefügt. Das Fensterbrett in der Fotovorlage, auf dem der Kaktustopf steht, setzte der Künstler sehr frei um und gab die Verzierung um das Fenster als gleichmäßige Farbfläche wieder. Ähnlich verfuhr er mit der Fensterscheibe und den Reflexen darauf, die er einfach als weiße Leinwand stehen ließ.

In dieser Übung war das Motiv nur ein Ausgangspunkt für ein freies Malen. Der Künstler wollte den Kaktus nicht illusionistisch genau wiedergeben, sondern konzentrierte sich ganz auf die dekorativen Eigenschaften des Motivs sowie die Balance und Spannung zwischen den einzelnen Formen.

1 *Rechts*: Die spitzen, fleischigen Blätter dieser Sukkulente sehen schon auf dem Foto ziemlich abstrakt aus. In der Komposition verstärkte der Künstler diesen Eindruck.

2 *Unten*: Die Vorzeichnung wurde direkt mit Bleistift auf die Leinwand gemacht. Mit terpentinverdünnter Farbe wurden die ersten Blätter gemalt.

Einen Malstock verwenden

Ein Malstock ist ein Hilfsmittel, um die Hand beim Malen ruhig zu halten. Der traditionelle Malstock ist aus Bambus und hat an einem Ende eine knopfartige, mit Leder überzogene Verdickung. Heute gibt es zahlreiche Ausführungen in verschiedenen Materialien. Man kann ihn aber auch selbst herstellen, indem man einen dicken Wattebausch oder einen Schwamm auf dem Ende eines Stocks befestigt und mit einem Stück Stoff überzieht. Der Künstler legt das knopfartige Ende des Malstocks auf die Leinwand oder auf den Rand der Staffelei. Er hält den Stock mit der nicht malenden Hand und legt die andere darauf, um ruhig und sauber Details einmalen zu können.

3 *Links*: Die Blätter wurden mit einer Mischung aus Saftgrün, Payne's Grau und Weiß gemalt, wobei die Anteile für die subtilen Tonwerte jeweils geändert wurden.

4 *Unten*: Die breiten Streifen in den Blättern wurden mit einer grau-grünen Mischung gemalt. Die Blattränder erhielten eine Mischung aus Gelb und Weiß, mit Payne's Grau abgetönt.

5 *Ganz oben*: Der Künstler war mit der Komposition unzufrieden und entschloß sich zu einer Änderung. Mit L-förmigen Streifen untersuchte er die Möglichkeiten dazu.

6 *Oben*: Er beschloß, den Kaktus so ins Bild zu setzen, daß die Blätter teilweise aus dem Bild ragen. Mit einem Messer und einem Stahllineal schnitt er ungefähr 4 cm vom unteren Rand des Bildes ab.

7 *Ganz oben*: Der Hintergrund wurde mit stark verdünnter Farbe angelegt. Der Künstler vereinfachte die Bildelemente so weit, daß sie im Zusammenhang des Bildes abstrakt wirken.

8 *Oben*: Der Plastiktopf wurde mit dünner schwarzer Farbe gemalt. *Gegenüber*: Das fertige Bild zeigt, wie ein unscheinbares Motiv durch eine gute Komposition gewinnen kann.

Der Kaktus

Was der Künstler brauchte

Die Palette bestand aus Saftgrün, Kadmiumgelb, Titanweiß, Kobaltblau, Elfenbeinschwarz und Payne's Grau.

Als Pinsel wurden Marderhaarpinsel Nr. 3 und Nr. 5 verwendet, außerdem eine Stahlschiene, ein Schneide-

messer und ein 2B-Bleistift. Als Malgrund diente eine feine, 61 x 71 cm große Leinwandtafel.

STILLEBEN MIT LEVKOJEN UND MUSCHELN

Viele Künstler setzen bewußt den inneren Rhythmus ein, um das Auge des Betrachters durch ihr Bild zu leiten. Sie verwenden dazu einige kompositionelle Kniffe, um die innewohnende Dynamik in Beziehung zum Motiv auszuloten. In einigen Bildern konzentriert sich das Interesse auf das Zentrum, während in anderen die gesamte Bildfläche aktiv ist. Diese unterschiedlichen Anlagen setzen ganz verschiedene Energien frei. Im ersten Beispiel wandert das Auge immer wieder zum Bildzentrum zurück, während es im zweiten die Bildfläche absucht. Solche Blickbewegungen sollten also direkt im Bild angelegt sein, um das Auge des Betrachters dorthin zu führen, wohin man es haben will.

Gute Bilder bestehen nicht aus wahllos verstreuten Einzelteilen, sondern aus zusammenhängenden Flächen, die ein komplexes Muster ergeben. Kleine und große Flächen verbinden, überschneiden und durchdringen sich in einer Struktur, die alle Bildteile gleichzeitig betont, so daß auch die Flächen zwischen den Gegenständen wichtig werden. Das läßt sich auch in der Architektur beobachten, wo umbaute Flächen ein integraler Bestandteil der Architektur sind. In der Musik spielen die Pausen und Intervalle zwischen den Noten eine ebenso wichtige Rolle in der Komposition.

Der Künstler stellte ein Stilleben mit Blumen auf und versammelte davor mehrere Gegenstände, die in Farbe, Form und Textur variierten. Er wählte einen hohen Blickpunkt, der die Fläche zwischen den Objekten betont. Ein niedriger Blickpunkt hätte den Bildraum verkürzt wiedergegeben. Die Linien um die Gegenstände betonen den dekorativen Zusammenhang und lassen die Objekte flächiger erscheinen. Die Linienführung ist so angelegt, daß keine Begrenzungen, sondern vielmehr Verbindungen zwischen den Gegenständen hergestellt wurden. Zunächst wollte der Künstler eine schwarze Linie verwenden, entschied sich aber dann, eine weiße Linie aus der Farbe herauszukratzen.

Hier sind wegen der All-over-Komposition Farben, Muster und Texturen gleichermaßen wichtig. Die Gelbtöne wirken zudem komplementär zu den Violettönen.

Es gibt Künstler, die eine sehr klare Vorstellung von ihrem Bild haben. Die Komposition steht bereits deutlich vor ihren Augen, und der Malprozeß ist nur die Ausführung einer bestimmten Idee. Andere Maler entwickeln die Komposition während des Malens. Der Künstler in dieser Übung hatte eine besondere Malmethode. Nach der Bildanlage wurde Farbe aufgetragen, abgekratzt, neue Farbe aufgetragen und abgewischt. All diese Stufen sind im fertigen Bild zu sehen.

1 *Rechts*: Der Künstler stellte für dieses Stilleben Gegenstände zusammen, die in Farbe und Textur recht unterschiedlich waren. Auch der Hintergrund sollte bei der Komposition nicht unberücksichtigt bleiben.

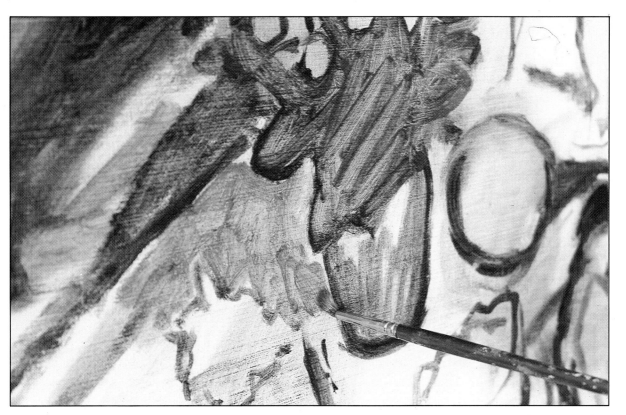

2 *Links*: Die Vorzeichnung wurde mit schwarzer, mit Terpentin und Liquin verdünnter Farbe angelegt. Die Farbe wurde mit einem Fehhaarpinsel Nr. 3 aufgenommen, frei aufgetragen und mit einem Lappen wieder abgewischt, wo sie die Zeichnung zu sehr verdeckte.

3 *Oben*: Der Künstler legte eine Untermalung in Schwarz an, damit sich die folgenden bunten Farben gut abheben konnten. Dann trug er die Lokalfarben mit Chromoxidgrün feurig und Indischgelb, besonders transparenten Pigmenten, auf.

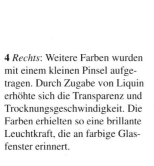

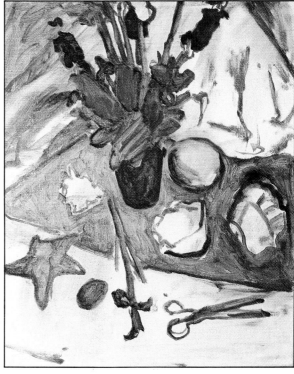

4 *Rechts*: Weitere Farben wurden mit einem kleinen Pinsel aufgetragen. Durch Zugabe von Liquin erhöhte sich die Transparenz und Trocknungsgeschwindigkeit. Die Farben erhielten so eine brillante Leuchtkraft, die an farbige Glasfenster erinnert.

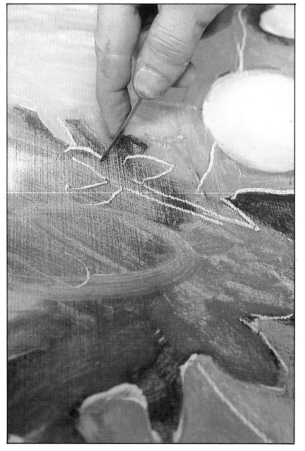

5 *Oben links*: Der Maler legte den Hintergrund mit Zinkweiß an. Durch den dünnen Farbschleier sieht man die schwarze Untermalung durchschimmern. Pastosere Farbe wurde zur schärferen Konturierung um die Blumen herum aufgetragen.

6 *Oben*: Mit der Spitze eines Malspachtels wurde in die noch feuchte Farbe gekratzt. Die Sgraffitotechnik legt den Grund frei und schafft so weiße Linien. Der Künstler war mit diesem Teil des Bildes unzufrieden und wischte die Farbe mit einem Papiertuch weg.

7 *Links*: In die verwischte Fläche wurde nun ebenfalls hineingekratzt. Sgraffito ist eine Zeichenmethode, die ohne weitere Farbe funktioniert. Das kann bei dicken Farbschichten und einem komplizierten Motiv von Vorteil sein.

8 *Links*: Das Bild begann langsam, Formen anzunehmen. Den Künstler interessierten die dekorativen und farbigen Qualitäten des Motivs. Die Linienführung dient sowohl darstellenden als auch dekorativen Funktionen und hält die Komposition zusammen.

9 *Links unten*: Die Muschel wurde mit einer Mischung aus Weiß, Krapplack rosa und Lichtem Ocker gemalt. Die indischgelbe Fläche zeigt, wie transparent Ölfarbe sein kann.

Sgraffito

In dieser Technik kratzt der Künstler in eine Farbschicht, um die darunterliegende Farbschicht oder, wie hier, den weißen Malgrund freizulegen. Sgraffito schafft Linien wie Texturen. Der Künstler verwendet manchmal den Pinselstiel als Zeicheninstrument. In dem Ausschnitt unten sieht man, wie der Künstler mit dem Palettmesser in die Farbe zeichnete.

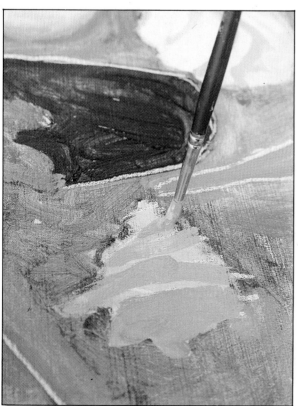

10 *Oben*: Mit fortschreitender Arbeit wurde auch die Malschicht dicker, und die einzelnen Elemente wurden deutlich sichtbar. Das erkennt man am besten im Vergleich mit den vorherigen Stufen.

12 *Unten*: Die breite Klinge eines Palettmessers wurde eingesetzt, um die Textur der Muschel wiederzugeben.

11 *Rechts*: Der Künstler schuf eine All-over-Komposition, in der die einzelnen Bildteile über die ganze Bildfläche verstreut liegen. Durch den hohen Blickwinkel gibt es kaum überlappende Formen. Jeder Gegenstand ist einzeln sichtbar.

Was der Künstler brauchte

Als Malgrund diente eine feine, 45,7 x 35,6 cm große Leinwand. Folgende Farben wurden verwendet: Schwarz, Chromoxidgrün feurig, - Indischgelb, Zinkweiß, Permanentgrün, Lichter Ocker, Kobaltblau, Karmesin, Phthaloblau, Krapplack rosa, Kobaltviolett und Hooker's Grün. Zum Verdünnen dienten Terpentin und Liquin. Ein Fehhaarpinsel Nr. 3 und ein Borstenpinsel Nr. 5 sowie ein flaches Palettmesser wurden verwendet.

Stilleben mit Levkojen und Muscheln

PEONIEN

Jeder Künstler hat besondere Interessen. Diese können zwar von Bild zu Bild variieren, doch bei der Werkübersicht fallen fast immer bestimmte Themen auf. Ein Maler mag vor allem an Farbe interessiert sein, ein anderer primär an Licht und Tonwert. Das Motiv in dieser Übung wurde im Freien gemalt. Der Künstler gab die Pflanzen realistisch genug wieder, konzentrierte sich aber doch überwiegend auf Farbe und Muster. Obwohl malerische Qualitäten wie Pinselduktus fehlen, zeigt das Bild reiche Farbgebung und interessante Struktur. Die verschiedenen Malweisen machen das Studium der Malerei so faszinierend, auf der anderen Seite aber auch unmöglich, feste Regeln für eine gute, richtige Malweise aufzustellen.

Nur in den seltensten Fällen versucht ein Künstler, Muster und Ornamente allein darzustellen. Normalerweise fallen beim Malen eines Motivs bestimmte dekorative Eigenschaften auf, die im Bild verstärkt umgesetzt werden. Muster entstehen bei der Wiederholung eines Motivs. Dabei reden wir nicht von dekorativen Mustern bzw. Ornamenten, sondern von der Komposition eines gegenständlichen Motivs, das in eine ähnliche Ordnung gebracht wird wie Noten in einer musikalischen Komposition. Die Natur ist reich an Mustern. In dieser Übung griff der Maler ein Beispiel aus der Fülle der möglichen Motive heraus und betonte lediglich die Ähnlichkeiten im Wuchs und in der Blattform. Der Zaun im Hintergrund ist Erfindung des Malers, um Tiefenwirkung zu schaffen. Da der Zaun höher in der Bildebene liegt, erscheint er hinter den Peonien. Dazu kommt, daß die Peonien den Zaun zum Teil verdecken. Die Peonien hinter dem Zaun sind unschärfer und heller, um den Raum dahinter anzudeuten. Deckt man den oberen Teil des Bildes mit der Hand oder einem Stück Papier ab, sieht man das Bild ganz anders. Ohne die raumhaltigen Werte wirkt es wie reines Ornament.

1 *Rechts*: Das Motiv wurde im Garten des Künstlers gemalt. Die Grüntöne der Blätter und die dazu komplementären Karmesinfarben der Blumen regten ihn zu einem Bild an.

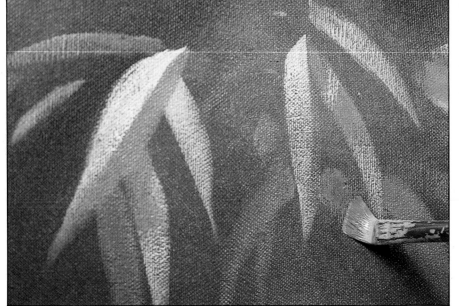

2 *Links*: Der Malgrund wurde mit einer abgestuften Färbung vorbereitet. Die Blätter wurden mit einem Flachpinsel Nr. 7 angelegt, wobei die hellen Töne aus Chromoxidgrün feurig, Saftgrün, Kadmiumgelb und Weiß gemischt wurden.

3 *Oben rechts*: Der abgetönte Grund gab die dunkelsten Tonwerte vor, so daß nun von Dunkel nach Hell gearbeitet werden konnte. Die Blätter wurden mit fast trockenem Pinsel aufgemalt, damit die unteren Schichten durchschimmern und in der Farbgebung mitwirken.

Einfärben

Leinwand kann man ebenso einfärben wie Papier mit Aquarellfarben. Manche Maler verwenden eine ungrundierte Leinwand, damit die Färbung die Leinwand durchdringt. Diese Technik kann aber auf Dauer wegen der Chemikalien in den Farben und des sich zersetzenden Öls die Leinwand zerstören. Die Färbung wird im Unterschied zur Lasur, die über einer Untermalung aufgetragen wird, direkt auf der Leinwand vorgenommen. Um sie erfolgreich einzufärben, braucht man eine Farbe mit hoher Färbekraft. Der Künstler verwendete hier Chromgrün, Chromoxidgrün feurig, Saftgrün und Preußischblau und rieb die Farben gut in die Leinwand ein. Bei dieser Technik ist die Textur besonders wichtig. Er verteilte die Färbung mit einem terpentingetränkten Lappen auf der ganzen Leinwand, wobei er durch Auswischen hellere Töne erzielte.

4 *Links*: Allmählich bedecken die spitzen Blätter die gesamte Bildfläche bis auf den obersten Rand der Leinwand. Die Wiederholung des Blattmotivs betont die ornamentalen Eigenschaften des Motivs.

5 *Oben links*: Der Blattgrün-
mischung wurde mehr Weiß zugesetzt, um das Sonnenlicht auf
einigen Blättern anzudeuten.

6 *Oben rechts*: Die intensiven
Rottöne der Blumen wurden aus
Kadmiumrot, Alizarinkarmesin,
Geraniumlack und Weiß ge-
mischt. Zuerst wurden die dunkleren Töne angelegt und die helleren darauf langsam und vorsichtig aufgebaut.

7 *Oben*: Der Zaun wurde eingefügt, um den oberen Bildab-
schluß interessant zu machen und
Tiefe zu schaffen.
Gegenüber: Das fertige Bild ist
ein schönes Beispiel, wie die
dekorativen Eigenschaften eines
Motivs ausgelotet werden können, ohne die realistische
Abbildung opfern zu müssen.

Peonien

Was der Künstler brauchte

Als Malgrund diente eine fertiggrundierte grobe, 61 x 45,7 cm große Leinwand Als Farben wurden Chromoxidgrün feurig, Chromgrün, Saftgrün, Preußischblau, Lichter Ocker, Kadmiumzitron, Kadmiumgelb, Titanweiß, Ultramarinblau, Geraniumlack, Krapplack rosa, Alizarinkarmesin und Kadmiumrot verwendet. Aufgetragen wurden die Farben mit einem Flachpinsel Nr. 12 und einem Rundpinsel Nr. 10.

RANUNKELN

Die Leuchtkraft dieser Blumen verführte den Maler zu diesem Bild. Die runden Köpfe der Blumen wurden zu einem dichten Strauß gebunden und in eine runde, gedrungene Vase gestellt, die in Farbe und Form dazu paßt. Der Künstler überlegte sich die Komposition und wählte einen leeren Hintergrund mit gleichmäßigen Farbflächen.

Ein Hauptthema des Bildes ist Raum. Die Blumen sind etwas nach links und unter den Bildmittelpunkt gerückt in die Bildfläche gesetzt. Es gibt genügend Raum um die Blumen herum. Hätte der Maler einen tieferen Blickpunkt gewählt und die Blumen größer gemacht, wäre ein ganz anderes Bild entstanden. Die Blumen füllen hier nur einen Teil des Bildes, sind aber doch ein wichtiges Bildelement. Der Raum um das Motiv läßt Schattenwürfe zu, die ebenfalls zum Bestandteil der Komposition werden.

Beim Aufstellen eines Stillebens oder Blumenstücks hilft es, mit den Fingern einen Rahmen zu formen oder ein Rechteck in ein Stück Papier zu schneiden. Auch mittels einer Serie von Polaroids aus verschiedenen Richtungen, Positionen und Blickwinkeln läßt sich die Komposition entwerfen. Probieren Sie einmal folgendes: Sehen Sie sich zunächst das fertige Bild an, schneiden Sie dann zwei L-förmige Streifen aus Papier und legen Sie sie so über das Bild, daß Sie verschiedene Ausschnitte mit jeweils völlig anderen Bildeindrücken erhalten.

Versierte Maler sehen ihr Motiv schon als mit Farben und Formen bedeckte Fläche. In solchen Fällen machen sie eine Markierung in Beziehung zu den Rändern der Malfläche, woraus sich die ersten Spannungen ergeben. Die nächste Markierung bezieht sich nicht nur auf die Ränder und Fläche des Malgrundes, sondern auch auf die erste Markierung. Jede folgende Markierung nimmt auf alle vorhergehenden sowie auf die Bildfläche usw. Bezug.

Der Künstler malte das Motiv in einigen Sitzungen und begann mit der Anlage der ersten Flächen in Acryl. Nach dem Trocknen folgte die nächste Stufe, die Schaffung der Blumen in gleichmäßigen, undifferenzierten Farbtönen.

Dann malte er das Bild in Öl weiter. Acrylfarbe trocknet nicht nur schnell, sondern gibt den späteren Farbschichten auch gute Haftung. Hintergrund, Wand und das Stück Papier, auf dem die Vase mit den Blumen steht, sind nicht ganz ohne Textur gemalt. Die weiße Wand etwa entstand mit subtilen Grautönen und weißer Farbe über dem getönten Grund. In den schattigen Flächen schimmert die helle Farbe durch den abgedämpften Grund. Im Kontrast dazu erscheinen die Blumen ziemlich differenziert, obwohl es keine Impastostellen gibt und die Malschicht recht dünn ist. Bei genauem Hinsehen bemerkt man, daß die Leinwandgrundierung in kleinen Flecken durchscheint und so zu einer lebendigen Malfläche beiträgt. Bei der Ausführung des Hintergrunds lassen sich die Konturen des Motivs noch korrigieren.

1 *Rechts*: Die bunten Blumen waren ein augenfälliges Motiv für den Maler. Die Zusammenstellung von Flächen und Farben wurde voher genau durchdacht.

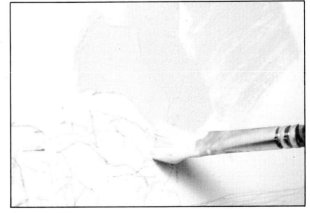

2 *Oben*: Nach der Festlegung der Komposition machte der Künstler eine Vorzeichnung mit weichem Bleistift, um die Grundierung nicht zu beschädigen. Dann wurde der Hintergrund mit grauer Acrylfarbe angelegt.

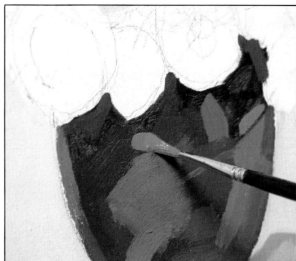

3 *Oben*: Mit einem Stahllineal wurden die geraden Linien des Tisches eingezeichnet. Die ockerbraunen Farbtöne wurden aus Lichtem Ocker, Weiß und Chromorange gemischt.

4 *Oben rechts*: Verschiedene Blautöne wurden aus Kobaltblau, Phthaloblau, Payne's Grau und Weiß gemischt, um die blaue Vase wiederzugeben. Die Farbtöne waren nur schwer auszumachen, da das hell weiße Motiv die blauen Schattierungen überstrahlte.

5 *Rechts*: Die große Hintergrundfläche wurde mit gebrochenem Grün-Grau aus Kobaltblau, Lichtem Ocker, Schwarz und Weiß angelegt. Die Farbe wurde wieder in gleichmäßigen Flächen aufgetragen, die die Leinwandstruktur nicht bedeckten, sondern eher freilegten.

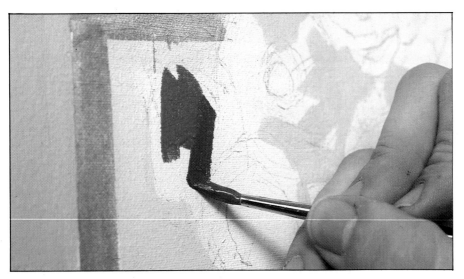

6 *Links*: Die Blumen wurden frei in Rot-, Gelb- und Violettönen angelegt. Der Künstler stilisierte die Formen in starken Hell-Dunkel-Kontrasten. Es wäre ein Fehler gewesen, die Blütenblätter einzeln und genau abzubilden. Studieren Sie das Motiv mit halb geschlossenen Augen und malen Sie das, was Sie sehen. Die Blumen entstanden wie von selbst aus der Verteilung der hellen und dunklen Tonwerte.

Eine farbige Untermalung

Viele Maler legen vor dem eigentlichen Malprozeß eine Untermalung in dünner Farbe an, um Formen und Farben besser organisieren zu können. Das ist eine ganz sinnvolle Vorgehensweise, weil so der Malprozeß eines komplizierten Bildes in mehrere Stufen unterteilt werden kann. Nach der Anlage der Untermalung kann der Maler dann Schritt für Schritt das Bild bis zu den feinen Details aufbauen. In dieser Übung nahm der Künstler Acrylfarbe für seine Untermalung. Wenn man Ölfarben verwendet, sollte man die unterste Schicht möglichst ›mager‹, also wenig ölhaltig anlegen, da die folgenden Schichten pastos aufgebaut werden. Diese Ölmaltechnik nennt man ›Fett auf Mager‹. Der Künstler entwickelt dann das Bild von der ersten Anlage bis zu den Feinheiten weiter. Doch braucht nicht jede neue Malschicht die ganze Leinwand zu bedecken und untere Schichten zuzumalen. In dieser Übung wurden die Blumen pastoser angelegt. Wenn man ziemlich dick malen möchte, ist es ratsam, die erste Schicht sehr dünn zu halten. Ein Impasto in der ersten Schicht ist nur schwer zu übermalen.

7 *Oben*: Bis dahin hatte der Künstler Acrylfarben verwendet, um das Bild in einer Sitzung vollenden zu können. Acrylfarbe trocknet schnell und bietet eine gute Unterlage für Ölfarbe. Dann begann die Arbeit mit Ölfarben. Mit verdünnter weißer Ölfarbe zeichnete er das Laubmotiv auf der Vase. Dann überarbeitete er noch einmal die Blumen.

8 *Links*: Der Künstler malte die Blumen in Ölfarben weiter. Allmählich wuchsen die einzelnen Farben und Tonwerte zusammen und verbanden die einzelnen Formkomplexe.

169

9 *Oben*: Der Künstler mischte ein dunkles intensives Blau aus Ultramarinblau und ein wenig Schwarz, um die Schattenzonen des Topfes zu malen.

10 *Oben*: Dann mischte der Künstler eine warme, cremige Farbe aus Weiß und Lichtem Ocker, um die mittleren Töne der weißen Unterlage wiederzugeben.

11 *Rechts*: Eine dünne Schicht weißer Ölfarbe definierte das weiße Papier, auf dem die Vase steht. Das erhöhte den Kontrast und hellte das Bild auf. Zudem ließen sich noch die Konturen der Blumen korrigieren.

Ranunkeln

Was der Künstler brauchte

Für die Untermalung wurden Liquitex-Acrylfarben verwendet. Darauf wurde mit Künstler- sowie Studienölfarben in folgenden Farbtönen weitergemalt:

Titanweiß, Elfenbeinschwarz, Payne's Grau, Kobaltblau, Phthaloblau, Ultramarinblau, Alizarinkarmesin, Kadmiumrot, Lichter Ocker, Chromgelb und

Chromorange. Mit einem 3B-Bleistift wurde vorgezeichnet. Gemalt wurde mit einem Marderhaarpinsel Nr. 4 und Nr. 3 für die Details. Als Malgrund diente

eine 55,9 x 50,8 cm große Leinwand, die mehrmals mit einer Mischung aus weißer Dispersionsfarbe und Dispersionsbinder im Verhältnis 1:1 grundiert wurde.

Glossar

ABDÄMPFEN
Trockene, deckende Farbe wird frei über bereits angelegte Farbflächen gestrichen, so daß die untere Farbe oder die Leinwand durchschimmert.

ABSTRAKT
1 Vom Naturmotiv ausgehend werden bestimmte Farben und Formen herausgearbeitet (zum Beispiel Mondrian).
2 Ohne gegenständlichen Ausgangspunkt wird ein autonomes Bild aus reinen Farben und Formen geschaffen (zum Beispiel Kandinsky).

ABSTRAKTION
Ein Naturmotiv wird so weit stilisiert, daß ein abstraktes Bild entsteht.

ALLA PRIMA
Das Bild wird in einer Sitzung ohne Untermalung und Vorzeichnung vollendet.

ANLEGEN
Die erste Stufe in einem Bild, in dem die groben Formen und ersten Farben skizziert werden.

BILDEBENE
Die imaginäre vertikale Ebene, die die Welt des Betrachters von der des Bildes trennt. Die Fläche des Bildes.

BINDEMITTEL
Farbe wird aus einem Pigment und einem Bindemittel gemacht. Für Ölfarben ist das gebräuchlichste Bindemittel Leinöl. Aber auch Mohnöle und Saffloröle werden manchmal für hellere Farben eingesetzt. Das Bindemittel oxidiert zu einer festen Haut, in der die Pigmente eingebunden sind.

CHIAROSCURO
Die Verteilung von Licht und Schatten im Bild. Der Begriff wird meist auf Werke von älteren Malern wie Rembrandt oder Caravaggio angewandt, die in dunklen Farben gehalten sind.

DECKKRAFT
1 Der Begriff bezieht sich auf die Deckfähigkeit oder Transparenz einer Farbe. Einige Farben sind transparent und daher eher für Lasuren geeignet. Deckende Farben sollte man dagegen vor allem für dichte Farbflächen einsetzen, wo die unteren Farbschichten vollkommen verdeckt werden sollen.
2 Die Fähigkeit eines Pigments, eine Fläche oder eine Farbe abzudecken.

EBENEN
Die Oberflächen eines Gegenstandes, die von Licht und Schatten geprägt werden. Auch eine gebogene Fläche kann als eine endlose Anzahl kleiner Ebenen betrachtet werden.

EN PLEIN AIR
Französischer Begriff, der »an der frischen Luft« bedeutet. Damit meint man das Malen im Freien.

FÄRBEVERMÖGEN
Die Farbkraft eines Pigments und seine Fähigkeit, diese auf Weiß oder eine Mischung zu übertragen. Wenn ein Pigment ein gutes Färbevermögen hat, braucht man nur wenig, um eine Mischung damit zu färben.

FARBTON
Dieser Begriff bezeichnet die Farbart in Richtung nach Blau, Rot oder Gelb. Man unterscheidet über 150 verschiedene Farbtöne.

FIGURATIVE KUNST
Teilbereich der gegenständlichen Kunst. Sie gibt das menschliche Figur wieder, wird aber auch oft auf die gesamte Spannbreite der gegenständlichen Kunst übertragen.

FLÜCHTIG
Dieser Begriff beschreibt Pigmente, die im Licht verblassen.

GEBROCHENE FARBE
In der Farbtheorie bezeichnet man mit diesem Begriff die Mischung aus zwei Sekundärfarben. Diese Farben neigen zu Grau. Es ist aber auch eine Malmethode, in der reine Farben nebeneinandergesetzt werden und dann im Auge des Betrachters zu einem neuen Farbton verschmelzen. In der pointillistischen Technik werden kleine Punkte oder Tupfen angelegt. Man kann aber auch die unteren Farbschichten partiell durch die nachfolgenden durchscheinen lassen.

GESÄTTIGTE FARBE
Reine Farbe ohne Zumischung von Weiß oder Schwarz.

GRUNDIERUNG
Eine erste Schicht auf der Leinwand, um sie weniger absorbierend zu machen und das Malen zu erleichtern. Eine brauchbare Leinwandgrundierung sollte aus einer Schicht Leim und einer darauf folgenden Halbkreidegrundierung bestehen.

IMPASTO
Hierbei wird die Farbe so dick aufgetragen, daß die Spur des Pinsels oder der Spachtel gehalten wird. Früher wurden Impastos von Malern wie Rembrandt oder Tizian an kleinen Stellen verwendet. Später erforschte van Gogh die expressiven Möglichkeiten des Impastos und trug die Farbe Alla Prima mit dem vollen Pinsel oder dem Malspachtel auf.

KOMPLEMENTÄRE FARBEN
Das sind die Farben, die sich auf dem Farbkreis genau gegenüberliegen. Komplementärfarbpaare sind unter anderem Orange und Blau, Gelb und Violett, Rot und Grün. Setzt man Komplementärfarben nebeneinander, verstärken sie sich gegenseitig. Ein Rot neben ein Grün gemalt, erscheint gesättigter als ein allein stehendes Rot.

KOMPOSITION
Die Organisation von Farbe und Form auf der Bildfläche.

LASIEREN
Der Auftrag einer transparenten Farbschicht über eine hellere, deckende Farbe. Wird verwendet, um dunkle Farbtöne zu modifizieren.

LAVIERUNG
Ein Auftrag mit hochverdünnter Farbe.

LEIM
Zähflüssige Lösung, etwa Hasenleim, die zum Vorleimen der Leinwand aufgestrichen wird.

LINEARPERSPEKTIVE
Eine Methode, um Tiefenillusion auf einer zweidimensionalen Fläche mittels konvergierender Linien und Fluchtpunkten zu erzielen.

LOKALFARBE
Die eigentliche Farbe eines Gegenstandes ohne die Einwirkung von Licht, Schatten oder Ferne.

LUFTPERSPEKTIVE
Mit Farbe und Tonwert können Raum und Tiefe angezeigt werden. Warme Farben, deutliche Formen und starke Tonwertkontraste kommen nach vorne, während kühle Farben, undeutliche Formen und schwache Tonwertkontraste zurückgehen.

MAGER
Eine Ölfarbe ist mager, wenn sie wenig oder kein Öl mehr enthält. Der Ausdruck ›Fett auf Mager‹ bezieht sich auf die Verwendung von magerer Farbe (mit Terpentin oder Terpentinersatz verdünnt) unter Malschichten, die zuneh-

mend dicker und damit öliger werden. Diese Methode verhindert die Rißbildung beim Trocknen.

MALGRUND
Die weiße Grundierung einer Malfläche hat zwei Funktionen: Zum einen isoliert sie die Farbe vom Malgrund, zum anderen bietet sie eine helle Malfläche.

MALSPACHTEL
Eine flexible Klinge mit Holzgriff, die zum Farbauftrag verwendet wird. Diese Spachteln haben einen abgewinkelten Griff und sind in vielen Formen und Größen erhältlich.

MALSTOCK
Wird verwendet, um den Arm aufzulegen, wenn feine Details eingesetzt werden. Das eine Ende eines Malstocks ist mit einem weichen Stoff überzogen, um Beschädigungen der Leinwand zu verhindern.

MALTRÄGER
Mal- oder Zeichenfläche, die aus Leinwand, Holz oder Papier sein kann.

MAL- ODER ZEICHENMITTEL
Das Material, das für eine Zeichnung oder ein Bild verwendet wird, wie zum Beispiel Bleistift, Aquarell- oder Ölfarbe. Mit dem Begriff meint man aber auch das Bindemittel, zum Beispiel Gummiarabikum für Aquarellfarbe oder Leinöl für Ölfarbe. Die dritte Wortbedeutung bezieht sich auf Substanzen, die der Farbe zugefügt werden, um ihr Malverhalten zu verändern. Das können traditionelle Mittel wie Mohnöl, Kopal oder ein Firnißöl sein oder aber neuere Mittel wie Wingel, Oleopasto und Liquin.

MODELLIERUNG
Meint die Plastizität von Gegenständen in Zeichnungen oder Bildern, die durch verschiedene Methoden wie Tonwertabstufung suggeriert wird.

MONOCHROM
Ein Bild, das entweder in Schwarz und Weiß oder nur in Weiß oder Schwarz oder aber einer anderen einzelnen Farbe ausgeführt wird.

MOTIVSUCHER
Klebeband oder Papier wird verwendet, um eine bestimmte Fläche des Bildes abzudecken. Dadurch kann der Künstler an anderen Stellen des Bildes frei arbeiten. Mit Motivsuchern lassen sich auch bestimmte Formen und Kanten schaffen. Motivsucher (Karton mit einem rechteckigen Ausschnitt in der Mitte) oder L-förmige Kartonstreifen können außerdem als Kompositionshilfe verwendet werden. Sie werden auf eine Skizze oder eine Vorzeichnung gelegt, damit der Künstler den Ausschnitt für das Bild auswählen kann.

NASS AUF TROCKEN
Der Auftrag einer Farbe auf eine vollkommen trockene Farbschicht.

NASS IN NASS
Der Auftrag einer frischen Farbe auf eine noch feuchte Farbschicht. Wird in der Alla-Prima-Technik verwendet. Naß in Naß erleichtert das Vermalen von Farben und Tonwerten.

NEGATIVFORMEN
Das sind die Flächen zwischen den Hauptteilen des Motivs und um sie herum, zum Beispiel der Hintergrund in einem Figurenbild.

OPTISCHE FARBMISCHUNG
Dabei werden die Farben nicht auf der Palette, sondern auf der Leinwand optisch gemischt. Die Pointillisten setzten kleine Punkte ungemischter Farbe auf die Leinwand, so daß sie in einiger Entfernung im Auges des Betrachters zu verschmelzen scheinen. Rot und Gelb werden so vom Auge als Orange wahrgenommen.

PALETTMESSER
Ein Messer mit gerader Stahlklinge, das zum Mischen von Farbe auf der Palette, zum Reinigen der Palette und zum Abkratzen der Farbe von der Leinwand verwendet wird.

PRIMÄRFARBEN
Das sind Farben, die nicht durch Mischen anderer Farben erzielt werden können. Die Primärfarben für den Maler sind Rot, Gelb und Blau.

PUNKTIEREN
Der Auftrag von kleinen Farbtupfen oder -punkten im Bild statt eines gleichmäßigen Farbauftrags. Kann auch in einer Zeichnung mit Bleistift gemacht werden.

RENAISSANCE
Das kulturelle Aufleben klassischer Ideale, das in Europa vom 14. bis zum 16. Jahrhundert stattfand.

TONWERT
Der Grad an Helligkeit oder Dunkelheit. Der Tonwert einer Farbe wird unabhängig vom Farbton festgelegt.

TROCKENPINSELTECHNIK
In dieser Technik wird ein fast trockener Pinsel über eine Malfläche gezogen, so daß die Farbe nur auf den Erhebungen stehenbleibt und eine gebrochene Farbwirkung erzeugt.

UNTERMALUNG
Die Anlage erster Formen, Farben und Tonwerte in einem Bild.

VERDÜNNUNGSMITTEL
Für Ölfarben nimmt man Terpentin oder Terpentinersatz (Testbenzin) zum Verdünnen. Verdünnungsmittel verdunsten vollständig und haben keinen Einfluß auf die Farbwirkung.

VERMALEN
Nebeneinandergesetzte Farben werden so vermalt, daß die Grenzen nicht mehr wahrnehmbar sind.

VORTRETENDE FARBEN
Das sind Farben, die dem Betrachter näher erscheinen. Warme, intensive Farben scheinen vorzutreten, während kühle zurückweichen.

VORZEICHNUNG
Die mit Bleistift, Kohle oder Farbe ausgeführte Kompositionszeichnung für ein Gemälde.

ZWINGE
Die Metallhülse eines Pinsels, die die Haare zusammenhält.

Register

Danksagungen

Die Autorin dankt allen, die dabei
geholfen haben, dieses Buch zu
realisieren. Das gilt vor allem für
die Künstler, besonders Ian
Sidaway für seine hervorragen-
den Ratschläge und dafür, daß er
sein Atelier zur Verfügung stellte.
Der Firma Rowneys und allen
Mitarbeitern von Langford und
Hill sei gedankt für ihre Geduld
und für die Materialien, die sie
zur Verfügung stellten.

Die Werke folgender Künstler
wurden verwendet:
Stan Smith 30, 44, 47 (außer
unten rechts), 48, 49 (links und
rechts), 56–59, 68–71, 82–85,
94–97, 102–105, 106, 108–111,
124–127, 128, 130–133, 140,
143, 145
Ian Sidaway 47 (unten rechts),
49 (Mitte), 64–67, 76–79, 80, 90–
93, 146, 150, 152–155, 162–165
Gordon Bennett 45, 50, 52–55,
60–63, 72–75, 116–119, 134–137
Rosie Waites 86–89, 98–101,
138–139, 141, 142, 144
Lincoln Seligman 112–115,
162–165
James Nairne 120–123, 156–
161

Weitere Illustrationen
National Gallery, London 8, 9, 11
Privatsammlung, London 12
© DACS 1985 13
Museum of Modern Art, New
York 15
John Wyand 17